Die besten Fußball-Witze

Die besten Fußball-Witze

Von Berti Klinsbauer

Weltbild

Für Markus und Matthias

Weltbild Buchverlag
–Originalausgaben–

Projektleitung und Redaktion: Julia Kotzschmar
Umschlaggestaltung: Armin Skowronek
Umschlagillustration: Sascha Wuillemet, Neusäß
Innenteilillustrationen: Michael Paetow, Augsburg
Layout und Satz: Lydia Koch, Augsburg
Druck und Bindung: GGP Media GmbH,
Karl-Marx-Strasse 24, 07381 Pößneck

Gedruckt auf chlorfrei gebleichtem Papier

Printed in Germany

ISBN 3-89897-492-8

Inhalt

Lieber Fußballfan!

Seite 8

Kapitel 1

Der Spieler – elf Freunde müsst ihr sein!

Nun denn: Lieber einen Freund verloren als einen guten Witz verschenkt!

Seite 11

Kapitel 2

Länderspiele sind immer noch das Höchste. Oder?

Ablachen über die Nationalelf und ihr Umfeld

Seite 41

Kapitel 3

Fußballer und ihr Privatleben

Das interessiert uns doch ganz besonders, nicht wahr?

Seite 63

Kapitel 4

Fußballer beim Arzt – seltsame Beziehungen

Kicker ohne Verletzungen gibt's nicht. Aber auch im Sprechzimmer darf geschmunzelt werden

Seite 85

Kapitel 5

Ich sach ma': Fußballer und Medien

Sie können nicht miteinander und nicht ohne einander – Witze über ein seltsames Verhältnis

Seite 109

Kapitel 6

Trainer – die Plagegeister

Lachen Sie mit über die merkwürdigen Gestalten an der Außenlinie

Seite 127

Kapitel 7

Schiedsrichter – eine seltsame Spezies

Nehmen Sie die Herren in Schwarz mit Humor ...

Seite 151

Kapitel 8

Im Verein ist Sport am schönsten

Spieler? Trainer? Schiedsrichter?
Schön und gut! Aber das ist nicht alles, was einen Sportverein ausmacht ...

Seite 165

Kapitel 9

Fans – es ist so schön, dazuzugehören!

Auch wenn man diesen Zustand manchmal nur mit Humor übersteht

Seite 199

Kapitel 10

Fußball ist völkerverbindend

... und manchmal auch Lachmuskeln erschöpfend

Seite 221

Kapitel 11

Fußball und Liebe – zwei Welten ...

... oder doch nicht? Bilden Sie sich Ihr eigenes Urteil!

Seite 239

Lieber Fußballfan!

»Wir leben alle auf dieser Erde, aber eben auf verschiedenen Spielhälften«. Es könnte kaum ein besseres Motto für dieses Buch geben als die tiefe Einsicht von dem Fußballweltmeister und heutigen Trainer Klaus Augenthaler. Das Buch, das Sie hier in Händen halten, handelt von Fußball. Also von einer der ernstesten Angelegenheiten auf unserem Planeten. Darüber macht man eigentlich keine Witze. Eigentlich! Aber selbstverständlich lacht sich jeder Schalker kringelig, wenn die Konkurrenz aus Dortmund auf die Schippe genommen wird. Wenn man allerdings mit seinem Verein selbst zur Zielscheibe der Spötteleien wird, dann hat der Spaß ein ... ach, lassen wir das ...

Als dieses Buch geschrieben wurde, hatten wir immer den schönen Satz von Berti Vogts vor Augen: »Hass gehört nicht ins Stadion. Solche Gefühle soll man gemeinsam mit seiner Frau daheim im Wohnzimmer ausleben.« Und natürlich gehören solche Bosheiten auch nicht in dieses Buch. Wir machen keine gehässigen Witze, wir diskriminieren niemanden, wir stellen keinen an den Pranger. Wir wollen nur scherzen. Falls einmal ein bekannter

Spieler beim Namen genannt wird, so nur dann, wenn sich ein Witz nicht anonym erzählen lässt, weil ihm sonst die Pointe fehlt. Und manches Original muss man gar nicht beim Namen nennen, seine Fangemeinde weiß sowieso, wer gemeint ist.
Das Gleiche gilt, wenn es sich um Vereinsrivalitäten handelt. Die Pointe eines Witzes an sich ist meist austauschbar, egal, ob er in München, Hamburg oder im Ruhrgebiet angesiedelt ist. Aber genau das ist ja das Tolle an diesem Buch: Sie, lieber Fan, können variieren, gerade so, als ob Sie am Computer auf »Suchen und Ersetzen« klicken würden! Damit bekommen Sie ungezählte Möglichkeiten, gegnerische Fans hochzunehmen. Machen Sie es wie Trainer-Guru Peter Neururer, der vor einem wichtigen Spiel die Losung ausgab: »Wir fahren hin, hauen die weg und fahren wieder zurück.« Auf unser Buch übertragen bedeutet das: Wir erzählen einen Witz, lachen uns schlapp und lassen die anderen mit verdutzten Gesichtern stehen. Klarer Heimvorteil!
Und genau den wollen wir Ihnen verschaffen. Mit jeder Zeile, jeder Pointe, jedem Schenkelklopfer. In diesem Sinne: Drei Punkte im Kampf um die Humormeisterschaft wünscht Ihnen

Berti Klinsbauer

Kapitel 1

Der Spieler – elf Freunde müsst ihr sein!

Manager zum südamerikanischen Neuzugang:
»Einem guten und fleißigen Spieler zahlen
wir auch gern ein hohes Gehalt.«
Spieler: »Hab' ich mir doch gleich gedacht,
dass da was faul ist.«

Die Mittelfeld-Diva humpelt vom Platz.
Besorgt kommt ihm der Trainer entgegen
und fragt: »Schlimm verletzt?«
Spieler: »Nee, mein Bein ist eingeschlafen!«
Trainer: »Na gut, dann geh duschen!«
Spieler: »Wieso? Ich hab' doch gar nicht geschwitzt!«

Wie sortieren Fußballer ihre Trikots?
In »dreckig« und »dreckig, aber tragbar«.

Nachwuchstalent zum Präsidenten: »Wie hoch wäre denn mein Gehalt in Ihrem Verein?«
»Zunächst 15.000 Euro netto monatlich, später mehr.«
»Okay, dann komm' ich später wieder!«

»Der Sponsor unseres Vereins hat unserem Keeper einen Sondervertrag angeboten, wonach er monatlich 5.000 Euro bekommt.«
»Aber das ist doch ein rechter Fliegenfänger.«
»Eben! Der Vertrag gilt nur, wenn er zum Lokalrivalen wechselt.«

Treffen sich zwei Fans. Fragt der eine: »Weißt du, warum unser neuer Linksaußen neulich vom Tierschutzverband angezeigt wurde?«
»Nee, wieso?«
»Weil er 90 Minuten lang auf dem gleichen Regenwurm gestanden hat!«

Warum wollten früher nach einem Länderspiel alle das Trikot von Andy Möller?
Weil es das einzige war, das nicht verschwitzt war.

»Wie war ich?«, fragt der ehrgeizige Torwart
nach dem Spiel in der Umkleidekabine.
»Letztes Wochenende warst du besser«,
antwortet einer seiner Mitspieler.
»Letztes Wochenende? Da habe ich
doch gar nicht gespielt!«
»Eben!«

Der Fußballprofi kommt stolz nach Hause:
»Ich habe heute zwei Tore geschossen!«
»Und wie ist das Spiel ausgegangen?«
»1:1!«

Brüllt der Trainer den Neuen an:
»Kannst du Idiot überhaupt rechts
und links unterscheiden?«
»Na ja, wo rechts ist, weiß ich ...«

Der Neuzugang kommt zu spät zum Training. Er entschuldigt sich beim Trainer und meint: »Sorry, aber ich habe zu stark auf meine Zahnpastatube gedrückt. Und danach habe ich über eine Stunde gebraucht, um das Zeug wieder in die Tube zurückzubekommen ...«

Zwei Fußballfreunde unterhalten sich.
»Wie oft kannst du mit dem Ball jonglieren?«,
fragt der eine.
»Ungefähr dreißigmal.«
»Was, mehr schaffst du nicht?«
»Na ja, jedes Mal, wenn ich weitermachen
will, werde ich vom Angriff der gegnerischen
Mannschaft gestört.«

Der Manager lässt den Keeper in sein Büro rufen.
»Norbert, Sie sind wirklich das beste Pferd in
meinem Stall!«
Doch bevor der mit vor Stolz geschwellter Brust
etwas sagen kann, fährt der Manager fort:
»Sie machen auf dem Platz den meisten Mist!«

Ein Schalke-Fan zum anderen:
»Du, was hat denn der Ailton? Der
hustet und niest ja ununterbrochen.«
»Der hat sich letzte Saison einen
bösen Schnupfen zugezogen.«
Daraufhin nickt der andere
verständnisvoll: »Kein Wunder, der
stand ja auch die ganze Zeit im Sturm.«

Ein Bundesligaspieler kommt in eine Bank und erkundigt sich nach den Zinsen für ein Darlehen von 25 Euro auf sechs Monate.
»1,50 Euro«, sagt ihm der Leiter der Kreditabteilung.
»Ausgezeichnet«, sagt der Fußballer. »Ich nehme das Darlehen, aber ich lasse Ihnen als Sicherheit meinen neuen Wagen da, bis ich die 25 Euro zurückgezahlt habe.«
Der Banker meint zwar, bei einem so kleinen Kredit sei keinerlei Sicherheit erforderlich, aber der Kicker besteht darauf. Am nächsten Tag erzählt er einem Mannschaftskollegen von seiner gelungenen Transaktion.
»Die müssen dich für verrückt halten«, sagt der. »Wo hat es das je gegeben, dass man für lumpige 25 Euro ein halbes Jahr lang einen nagelneuen Wagen bei der Bank stehen lässt?«
»Sollen sie mich doch für verrückt halten. Ich reise morgen für sechs Monate nach Dubai, wo ich einen Halbjahresvertrag unterschrieben habe. Wo sonst kann ich meinen Wagen ein halbes Jahr lang für 1,50 Euro unterstellen?«

Pech ist, wenn einem Torwart
die Hände gebunden sind.

Torwart zu seinem Verteidiger:
»Du, Klaus, wo liegt eigentlich Afrika?«
»Weiß ich nicht, aber so weit weg kann es nicht sein. Unser Neuer aus Kamerun kommt jeden Morgen mit dem Fahrrad zum Training.«

Ein Fußballer kommt in ein Schuhgeschäft. Der Verkäufer weist darauf hin, dass die neuen Fußballschuhe in den ersten Tagen etwas drücken werden.
»Das macht nichts«, meint der Spieler, »dann ziehe ich sie einfach erst nächste Woche an ...«

Zwei Fußballer sitzen in der Sauna.
Sagt der eine:
»Ich esse jeden Morgen ein geschlagenes Ei!«
Darauf der andere:
»Und ich eine geschlagene Stunde!«

Sagt ein Spieler im Trainingslager zum anderen:
»Ich kann nachts immer so schlecht einschlafen.«
Antwortet der: »Mach's doch wie ich: Ich zähle immer bis drei – manchmal auch bis halb vier!«

Der Torwart wehrt sich beim Abendtraining verzweifelt gegen Mücken. Plötzlich kommen zwei Glühwürmchen angeflogen. Sagt der Keeper zu seinem Ersatzmann: »Verdammt, jetzt suchen uns die Biester schon mit Taschenlampen!«

Zwei Bundesligakicker unter der Dusche:
»Diesen Winter nehme ich aber meinen eigenen Fernseher mit ins Trainingslager nach Mallorca.«
»Meinst du, dass es da unten keine Fernseher gibt?«
»Im Prinzip schon, aber nur solche, die Spanisch sprechen.«

»Dieses dauernde Training«, mault der neue Star. »Man kommt kaum noch zu den Autogrammstunden.«

Ein 18-jähriger Fußballprofi kommt in einen Bäckerladen und bezahlt mit einem Tausender. Fragt die Verkäuferin, ob er es nicht kleiner hätte. Er antwortet: »Tut mir Leid, aber mein Klub spielt in der Champions League.«

Traurig kommt ein Spieler nach Hause.
Fragt seine Frau: »Was ist denn los, habt ihr verloren?«
»Nein, ich soll in einer anderen Mannschaft spielen.«
»Also haben sie dich verkauft?«
»Nein, verschenkt!«

Ein Verteidiger wird gefragt, wie er denn die Abseitsregel definieren würde.
»Also, das ist ganz einfach. Also, ich sag mal: Wenn der Roberto neben mir die Hand hebt, sag ich mal, ja, dann mach' ich einen Schritt nach vorn. Und dann pfeift der Schiedsrichter. Das ist Abseits.«

Der Manager bittet seinen altbewährten Libero zu sich ins Büro: »Selbstverständlich möchte ich mich bei Ihnen ganz herzlich bedanken für das, was Sie für den Verein getan haben. Sie sind zuverlässig, kampfstark, kameradschaftlich ...«
»Aber ich bekomme wohl keinen neuen Vertrag?«
»... und von überaus schneller Auffassungsgabe!«

Der Jungstar kommt zu spät ins Training. Sein Trainer mault: »Vorgestern hast du den Bus versäumt. Gestern bist du im Stau stecken geblieben. Und was war heute?«
»Heute bin ich zu Fuß gekommen und hatte Gegenwind ...«

Kurz vor Spielbeginn in der Kabine. Sagt ein Spieler zum anderen: »Hey, Olli, du hast ja einen Fußballschuh mit drei Längsstreifen und einen mit einem Querstreifen an!«
Antwortet der: »Das ist schon okay. Zu Hause habe ich noch so ein Paar!«

Ein älterer Bundesligaspieler zu seinem Kumpel: »Rate mal, was ich machen werde, wenn ich endlich meine Karriere beende?«
»Keine Ahnung. Was denn?«
»Den ersten Monat werde ich nur im Schaukelstuhl liegen.«
»Ja, und dann?«
»Im zweiten Monat werde ich schön langsam anfangen zu schaukeln!«

Der Torwart kommt mit einem nagelneuen Fahrrad zum Training. Fragt ihn der Trainer: »Das ist ja eine tolle Maschine! Was hat die denn gekostet?«

»2.000 Euro.«

»Ist das nicht ein bisschen teuer?«

»Warum? Ein deutsches Sprichwort sagt: ›Guter Rad ist teuer.‹«

Am nächsten Tag kommt der Keeper wieder zu Fuß. Fragt der Trainer verwundert: »Wo ist denn dein Rad?«

»Geklaut!«

»Bist du zur Polizei gegangen?«

»Warum? Ein deutsches Sprichwort sagt: ›Kommt Zeit, kommt Rad‹!«

Was sind die Lieblingsberufe der deutschen Mädchen? Friseurin, Lehrerin und Freundin von Olli Kahn.

Seit es Haaranalysen im Fußball gibt, fragt man sich doch, was Jancker, Beckham und Schiri Collina zu verbergen haben ...

Manager zu seinem Stürmerstar:
»Deine Leistungen in letzter Zeit waren konstant.
Wir wollen dich gern langfristig an uns binden.
Angebot: Du bekommst ein Drittel mehr Gehalt.«
Spieler: »Das ist mir zu wenig. Ich will ein
Viertel mehr!«

Zwei Spieler kommen nach dem Match
auf dem Weg in die Kabine ins Gespräch.
»Also, bei meinem Präsidenten erreiche ich alles,
wenn ich ihm drohe, den Verein zu wechseln.«
»Du hast's gut«, seufzt der andere. »Würde ich
das sagen, riefe der sofort ein Taxi ...«

Spieler zu seiner Frau: »Schatzi, ich gehe jetzt
ins Training. Und danach werden wir wohl im
Vereinsheim noch ein Gläschen zischen.«
Sie: »Wieso denn Training? Saufen kannst
du doch schon perfekt ...«

Was ist der Unterschied zwischen einem
intelligenten Fußballer und dem Yeti?
Der Yeti wurde schon mal gesehen.

Torwart Richard macht schon das ganze Training über einen bedrückten Eindruck. Als sich sein Mitspieler nach dem Grund erkundigt, meint er: »Ich bin zurzeit arg in den Miesen. Könntest du mir vielleicht 1.000 Euro pumpen?«
»Klar! Aber welche Garantie kannst du mir geben, dass ich das Geld zurückbekomme?«
»Genügt dir das Wort eines ehrlichen Kollegen?«
»Doch, sicherlich. Schick ihn mal nach Trainingsende vorbei!«

Pokalspiel im Hochsommer. »Wahnsinn, bei der Bullenhitze zu spielen«, seufzt einer der Spieler.
»Das sind doch mindestens 35 Grad im Schatten!«
»Reg' dich nicht auf«, beruhigt ihn ein anderer.
»Wir spielen doch gar nicht im Schatten!«

Im Trainingslager wird eifrig Karten gespielt.
Nach fünf Minuten wirft Kalle die Karten
hin und schimpft:
»Ihr schummelt doch! In dem Spiel sind
ja sechs Damen drin!«
»Na, und?!«, meint einer der anderen.
»Noch nie etwas von 'nem Harem gehört ...?!«

Fragt der Manager beim Vertragsgespräch den jungen Kicker: »Sind Sie eigentlich verheiratet?« Antwortet dieser: »Das zwar nicht, aber ich mache trotzdem alles, was man mir sagt!«

»Wieso bist du eigentlich gerade so nett zu dem alten Herrn gewesen?«, fragt ein Bundesligaspieler einen anderen bei der Autogrammstunde. »Du hast ihm ja gleich zehn Autogramme gegeben.«
»Tja«, seufzt der andere, »pure Dankbarkeit und Mitleid. Der alte Herr war mein Klassenlehrer auf dem Gymnasium. Wenn er nicht dafür gesorgt hätte, dass ich nach der Mittelstufe von der Schule flog, wäre ich am Ende vielleicht auch nur Lehrer geworden!«

Zornig wirft der Mittelfeldregisseur eine Schnecke ins Gebüsch.
»Was soll denn das werden?«, fragt ihn ein Mitspieler verwundert.
»Dieses aufdringliche Biest verfolgt mich schon während des ganzen Trainings!«

Linksaußen Emil stöhnt:
»Die schwerste Arbeit des Tages kommt
bei mir immer vor dem Frühstück.«
Fragt der Torwart neugierig:
»Was machst du denn so früh schon?«
»Aufstehen!«

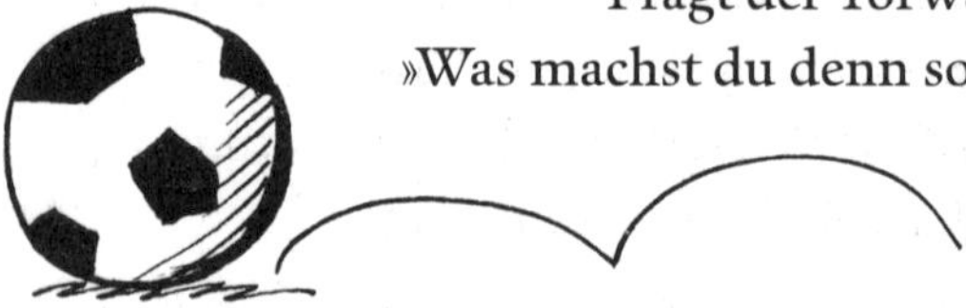

Der ungeduldige Fußballstar meckert den Taxifahrer an: »Guter Mann, können Sie nicht schneller fahren?«
»Wenn Ihnen meine Fahrweise nicht passt, können Sie ja aussteigen und zu Fuß gehen!«
»Nein, danke, so eilig habe ich es nun auch wieder nicht!«

Der Meinungsforscher fragt den Torwart: »Was halten Sie denn vom Rauchen am Arbeitsplatz?«

Frotzeln sich zwei Spieler an:
»Wie geht's denn deinem Ältesten?«
»Er sieht mir immer ähnlicher.«
»Und? Kann man dagegen überhaupt
nichts machen?«

Der Bundesligaklub hat diesmal sein Trainingslager in Kanada aufgeschlagen. Die Mannschaft genießt ihren freien Nachmittag, und zwei der Spieler gehen miteinander zum Angeln. Plötzlich stehen die beiden einem gewaltigen Bären gegenüber. In Windeseile reißt der eine seine Trainingsschuhe aus dem Rucksack und zieht sie an.
»Was soll das denn?«, fragt sein Kumpel. »Du kannst doch auch mit den Schuhen nicht schneller laufen als der Bär.«
»Was geht mich der Bär an? Hauptsache, ich bin schneller als du.«

In der Winterpause hat der Spielmacher etwas Hüftspeck angesetzt. Eine Schlankheitskur zeigt aber schnell die ersten Ergebnisse. Respektvoll meint der Trainer: »Kompliment, Jens, deine Diät nimmst du ja wirklich ernst!«
»Und ob!«, antwortet der. »Ich lese in der Zeitung nicht einmal mehr das fett Gedruckte!«

Wieso dürfen Olaf Thon und Icke Hässler nicht zusammen in ein Hotelzimmer?
Einer muss ja an die Türklinke kommen ...

Jungprofi Manni fährt auf dem Weg zum Training mit seinem Ferrari schon eine ganze Weile auf der Autobahn hinter einem Lkw her und sieht, wie der Ladung verliert. Wohl erzogen, wie er ist, zieht er auf die Überholspur, betätigt den elektrischen Fensterheber und ruft:
»Ich bin Manni, der Fußballer, das ist mein Ferrari, und du verlierst Ladung!«
Der Lkw-Fahrer schüttelt nur mit dem Kopf. Manni denkt, dass er nicht verstanden worden ist – kein Wunder bei dem Lärm, den so ein 12-Zylinder-Sportwagen macht. Also brüllt er noch lauter: »Ich bin Manni, der Fußballer, das ist mein Ferrari, und du verlierst Ladung.«
Daraufhin kurbelt der Lkw-Fahrer die Scheibe runter und ruft: »Alles klar! Ich bin Heinz, das ist mein Lkw, und ich bin vom STREUDIENST!!!«

Als der Spieler nach dem Trainingslager
an der Rezeption des Luxushotels ausscheckt,
sagt der Hotelmanager zu ihm:
»Offensichtlich haben Sie sich bei uns
wie zu Hause gefühlt.«
»Respekt, wie haben Sie das bemerkt?«
»An Ihrem schlechten Benehmen!«

Was hält die meisten Fußballer vom Studium ab?
Das Abitur.

Auf dem Weg zum Training springt
einem Jungprofi ein Frosch entgegen.
»Ich bin eine verzauberte Prinzessin, küss mich.«
Der Frosch wird wortlos in die
Trainingsjacke gesteckt.
Nach den ersten Platzrunden quakt es wieder.
»Bitte, bitte, küss mich, ich bin
eine verzauberte Prinzessin.«
Keine Reaktion.
Als der Spieler bei der nachmittäglichen
Mannschaftsbesprechung den Frosch vorführt,
wird er von seinen Kollegen gefragt, warum er
den bettelnden Frosch denn nicht erhört.
Seine Antwort: »Für eine Freundin habe
ich keine Zeit, aber einen sprechenden
Frosch finde ich cool ...«

Der angeklagte Spieler vor dem Sportgericht: »Fragen, nichts als offene Fragen, Herr Vorsitzender. Wäre es nicht besser gewesen, Sie hätten sich vorher über das Spiel informiert?«

Trainer zum alternden Stürmerstar:
»Eddy, du warst jetzt acht Jahre bei uns. Immer ein kämpferisches Vorbild. Immer für die Mannschaft da. Ich habe nicht die geringste Ahnung, wie es im Team ohne dich laufen sollte ...«
»... aber?«
»Aber ab sofort werden wir es einfach mal probieren!«

Mit dem Handy in der Hosentasche geht ein Fußballspieler zu Karstadt. Er steht in der Sportabteilung, als plötzlich das Handy klingelt. Er nimmt es aus der Tasche: »Ja, hallo, wer spricht denn da? Ach, Trainer, Sie sind's! Ihnen entgeht aber auch nichts! Woher wussten Sie denn, dass ich bei Karstadt bin?«

Sagt der Trainer nach dem Spiel zu seinem Torhüter: »Weißt du, welche Kommentare die Zuschauer heute zu deiner Leistung am häufigsten abgegeben haben?«
»Keine Ahnung!«
»Stimmt genau!«

Nach der Meisterschaftsfeier sind zwei Profis betrunken auf dem Heimweg. Plötzlich bückt sich der eine, hebt einen Geldschein auf und jubelt: »Juhu, ich hab einen Fünfziger gefunden!« Der andere reißt ihm den Schein aus der Hand, sieht kurz drauf, zerknüllt ihn und wirft ihn weg. Der Finder ist sauer und will auf seinen Mitspieler losgehen. Der versucht ihn zu beruhigen: »Mensch, was willst du eigentlich? Das war doch sowieso ein falscher Fünfziger!« »Wieso?« »Es waren zwei Nullen drauf!«

Sagt der Torwart zum Mittelstürmer:
»Weißt du eigentlich, dass unser Linksaußen total gut rechnen kann?«
Mittelstürmer: »Das musst du mir erst beweisen!«
Torwart zum Linksaußen: »Stefan! Kommst du mal eben?«
Der kommt angetrabt.
Torwart: »Sag mal, wie viel ist zwei und zwei?«
Linksaußen: »Sechs«.
Mittelstürmer: »Tatsächlich! Er hat sich nur um eins vertan!«

Zwei Fußballprofis haben den Autoschlüssel stecken lassen. Sie versuchen, das Auto mit einem Draht zu öffnen. Plötzlich sagt der eine: »Du, wir müssen uns beeilen, gleich fängt es an zu regnen, und das Verdeck ist noch offen.«

Ein Bundesligaspieler hat sich eine Schildkröte gekauft und nimmt sie mit zum Training. Die Kollegen bewundern das Tierchen, bis einer sagt: »Mensch, nimm doch mal den Deckel ab, damit ich sie streicheln kann ...«

Was sagt der Platzwart von Bayern München vor dem Training zu den wartenden Fans, wenn Oliver Kahn aufläuft?
»Keine Angst, der tut nichts, der will nur spielen ...«

Warum hat sich der formschwache Mittelfeldregisseur um eine Stelle beim Ravensburger Verlag beworben?
Dort wird ein Spielmacher gesucht.

Nach dem Training fragt ein Spieler seinen Teamkollegen: »Warum läufst du beim Duschen immer hin und her?«
»Na ja, auf der Shampoopackung steht doch ›Wash & Go‹!«

Torwart Jimmy kommt aus dem Urlaub zurück. Fragt ihn sein Kollege beim ersten Training: »Wie war's denn in den Ferien?«
»Es hat geschüttet und geschüttet und geschüttet, wie aus Kannen!«
»Kapier' ich nicht. Du bist doch recht braun geworden!?«
»Rost, mein Guter, alles Rost!«

Mario sitzt seufzend auf der Auswechselbank.
Fragt ihn ein Mitspieler:
»Ist was? Du siehst so fertig aus.«
»Ach, ich habe gestern Abend ein Buch mit einem furchtbar traurigen Ende gelesen ...«
»Was war denn das für ein Buch?«
»Mein Sparbuch!«

Zwei Kicker in der Umkleidekabine.
Sagt der eine: »Ich geh' nicht mehr Golfen.«
»Wieso das denn?«
»Wir liegen auf dem letzten Tabellenplatz.
Mein Vertrag wird vermutlich nicht verlängert.
Ich hab 'ne langwierige Muskelverletzung.
Jetzt kriegen wir auch noch diesen Schleifer
als neuen Trainer – und die im Golfklub
fragen nach meinem Handicap!«

Amateurkicker Harald nach dem Thekenmatch mit seinen Arbeitskollegen: »Ich habe heute das schlechteste Spiel meines Lebens abgeliefert.« Meint ein Kollege: »Ach, du hast vorher schon mal gespielt?«

Dem Mittelfeldspieler einer Amateurmannschaft
misslingt ein Abspiel nach dem anderen.
Nach dem Spiel wird er vom Trainer angegiftet:
»Kannst du eigentlich auch etwas anderes
als Fehlpässe?«
»Könnte ich das, würde ich nicht in einer
solchen Gurkentruppe mit einem
solchen Trainer spielen«, schimpft der zurück.

Erkundigt sich der Manager beim
Bewerbungsgespräch des älteren Kickers:
»Was ist denn der Grund dafür, dass Sie
schon 15-mal den Verein gewechselt haben?«
»Das ist ganz einfach«, meint der Kicker,
»die Nachfrage nach mir war einfach so groß!«

Trainingslager. Frühstücksraum. Ein Spieler liest Zeitung. Kopfschüttelnd erzählt er seinen Kollegen: »Stellt euch vor: Da haben ein van Gogh für sieben Millionen und ein Rubens für fünf Millionen den Besitzer gewechselt.«
Sagt ein Mitspieler achselzuckend: »Was willst du machen? Die Spitzenklubs in Spanien und Italien kaufen jeden auch noch so unbekannten Holländer für Wahnsinnssummen weg ...«

Zwei Amateurspieler feiern den Aufstieg
ihrer Mannschaft bis zum Morgengrauen.
Sie trinken und trinken, bis schließlich
der eine rückwärts vom Barhocker kippt
und regungslos liegen bleibt.
»Junge, Junge«, sagt da der Wirt, »dein Kumpel
weiß aber genau, wann er aufhören muss!«

Sagt der Manager zum neuen Spieler:
»Und bitte zu keinem ein Wort über Ihr Gehalt!«
Spieler: »Schon klar. Aber ich finde es gut,
dass Sie sich auch so dafür schämen wie ich ...«

Zwei Kicker im Trainingslager:
»Ob du es glaubst oder nicht, heute Nacht
habe ich geträumt, ich sei ein Pferd und
würde Stroh fressen!«
»Ja und? Das ist doch nichts Besonderes!«
»Das sagst du! Als ich aufwachte,
fehlte mir die halbe Matratze!«

Der Masseur flachst mit dem Jungstar:
»Was hat vier Beine und ist
ziemlich blöd?«
»Keine Ahnung.«
»Deine Frau und du!«
Den Spruch will sich der junge Kicker
merken, und ein paar Tage später
blödelt er mit dem Trainer: »Was hat
vier Beine und ist unheimlich blöd?«
»Keine Ahnung.«
»Meine Frau und ich ...«

Kurz vor Trainingsbeginn. Der Torwart
parkt mit langem Gesicht seinen Ferrari.
Fragt ein Mitspieler: »Aber hallo, Ulli.
Was machst denn für ein saures Gesicht?
Ist dir eine Laus über die Leber gelaufen?«
Knurrt der: »Nein, nicht ganz so – eher
das Finanzamt über meine Brieftasche!«

Zwei Ersatzspieler im Vereinslokal. Der eine blättert nebenher in der Zeitung und stößt auf eine interessante Annonce.
»Hör mal zu, Kumpel. Hier steht, dass das Stadttheater ein paar Statisten sucht.
Weißt du, was das ist?«
»Klar doch, Statisten sind Leute, die nur herumstehen und nichts zu sagen haben.«
Kratzt sich der erste kurz am Kopf und meint dann: »Das wäre dann doch eigentlich ein guter Job für uns ...«

Elf Fußballer auf dem Fundamt.
Fragt der Schalterbeamte:
»Was wollt ihr denn?«
»Wir haben ein Spiel verloren!«
»Und wie sah es aus?«

Was ist der Unterschied zwischen einem Bankräuber und einem Bundesligaprofi?
Der Bankräuber sagt:
»Geld her, oder ich schieße!«
Der Fußballer sagt:
»Geld her, oder ich schieße nicht!«

Drei Blondinen gehen durch den Wald und treffen eine Fee.
Diese sagt: »Jede von euch hat einen Wunsch frei.«
Die erste wünscht sich auszusehen wie Pamela Anderson und – zack – sieht sie aus wie Pamela Anderson.
Die zweite wünscht sich lange Haare und – zack – hat sie Haare bis zum Boden.
Und die dritte wünscht sich, noch dümmer zu sein und – zack – ist sie ein Fußballstar.

Was ist der Unterschied zwischen Bigfoot
und einem Fußballer?
Der eine ist am ganzen Körper behaart,
grunzt und ist nicht besonders intelligent,
der andere hat sehr große Füße!

Weshalb ist Fußball nur halb so spannend
wie ein Krimi?
Weil man gleich weiß, wer geschossen hat!

Warum ist der Kopf eines Profifußballers 500 Gramm leichter als der eines Amateurkickers?
Der Profi denkt mit den Füßen.

Wie kann man einen Fußballer zwei Stunden lang beschäftigen?
Man nimmt ein Blatt Papier und schreibt auf beide Seiten »Bitte wenden!«

Wie nennt man Fußballer in der Uni?
Besucher!

Was ist der Unterschied zwischen einem
Fußballer und einem Fußgänger?
Der Fußgänger geht bei Grün,
der Fußballer bei Rot!

Auf der Straße liegt ein 100-Euro-Schein.
Wer hebt ihn auf: Der Osterhase?
Ein dummer Fußballer? Ein kluger Fußballer?
Antwort: Keiner von den Dreien!
Begründung: Es gibt weder den Osterhasen noch einen klugen Fußballer. Und der dumme Fußballer glaubt, es wäre ein platt getretener Kaugummi!

Eine kleine Spinne betrachtet das Netz
eines Fußballtores und sagt erstaunt:
»Wahnsinn – was muss es hier für
riesige Spinnen geben ...«

Treffen sich zwei Fußbälle.
Sagt der eine:
»Warum hüpfst du denn so komisch?«
Antwortet der andere:
»Ich habe mich zum Eckball umschulen lassen.«

Der abgebrannte Hobbykicker muss sich vor Gericht verantworten.
Richter: »Also, Sie geben es zu, ein Paar teure Fußballschuhe gestohlen zu haben?«
»Ja, aber berücksichtigen Sie bitte die mildernden Umstände!«
»Nun?« – »Sie passen mir nicht.«

Mit seiner Bitte um einen lukrativeren Vertrag stößt der Bundesligaprofi beim Manager auf taube Ohren. »Na gut«, meint er schließlich, »wenn Sie mir keinen besseren Vertrag geben, erzähle ich allen Mannschaftskollegen, ich hätte einen bekommen!«

Der Zweitligaspieler beim Vertragspoker: »Sie haben mir mehr Geld versprochen, wenn Sie mit mir zufrieden sind.«
»Stimmt!«, gibt der Manager zu. »Aber sagen Sie selbst: Kann ich mit einem Spieler zufrieden sein, der mehr Geld fordert?«

Warum fahren die meisten Fußballer BMW?
Weil sie es buchstabieren können.

Kapitel 2

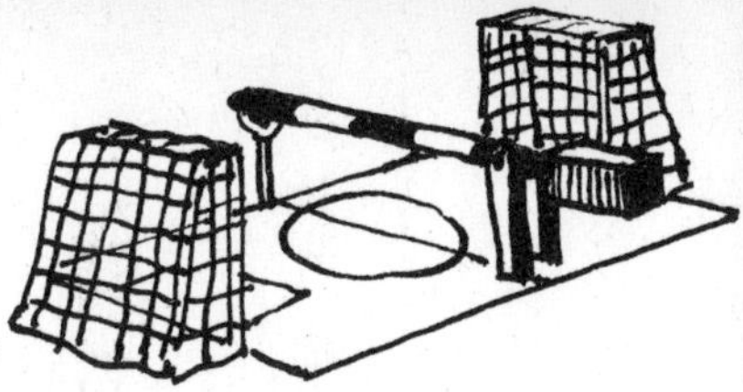

Länderspiele sind immer noch das Höchste. Oder?

Zwei Nationalspieler im Trainingslager:
»Hey«, sagt der eine zum anderen, »wenn du errätst, wie viel Geld ich in der Hand habe, darfst du die fünf Euro behalten.«
»Lass nur«, antwortet der, »was soll ich mir wegen vielleicht 20 Euro den Kopf zerbrechen.«

Wer ist der Angstgegner der deutschen Nationalmannschaft?
Der Ball.

Zum nächsten Spiel der deutschen Nationalmannschaft kommt der UNO-Generalsekretär. Der reist immer dorthin, wo Not und Elend am größten sind.

Nach dem Länderspiel sagt Jürgen Klinsmann zu seinen Männern: »Jungs, ich habe vor dem Spiel gesagt, ihr sollt so spielen, wie ihr noch nie gespielt habt. Ich habe nicht gesagt, ihr solltet so spielen, als hättet ihr noch nie gespielt.«

Der Flughafen von Frankfurt wurde bei der Ankunft der deutschen Fußball-Nationalmannschaft völlig zerstört. Sie hatten versucht, den brasilianischen WM-Werbespot von 2002 nachzudrehen.

Welche Sportart spielten die deutschen Verteidiger unter Rudi Völler bei der Europameisterschaft 2004?
Mikado! Wer sich als Erster bewegt, hat verloren.

Was ist das: drei freie Stühle,
und vier Leute kämpfen darum?
Richtig: Reise nach Jerusalem.
Und das: ein freier Stuhl, aber alle rennen weg?
Richtig: Trainersuche bei der
deutschen Nationalmannschaft.

Müller liest in der Zeitung, dass Effenberg seine Karriere beendet hat.
»Wenn ich nur wüsste, wer das ist, der noch mit ihm aufgehört hat«, sagt er zu seiner Frau.
»Wieso?«
»Na, hier steht: Mit ihm beendete einer der besten deutschen Fußballspieler seine Laufbahn.«

Welches ist die kleinste Brauerei Deutschlands?
Das Nationalteam, die haben elf Flaschen.

Warum machte die deutsche Fußball-Nationalmannschaft nach der EM 2004 eine Tournee durch Deutschlands Altenheime?
Weil die Spieler ihre ehemaligen Klassenkameraden wiedersehen wollten.

Der wahre Grund dafür, dass die Fußball-WM 2006 in Deutschland stattfinden soll: Das ist die einzige Chance für Deutschland, an dieser WM teilnehmen zu können.

Was sind elf Nationalspieler hintereinander?
Ein Flaschenzug.

Der Nationaltorwart, der Bundestrainer und der DFB-Präsident sind im Privatflugzeug auf dem Weg zu einer Ehrung. Plötzlich teilt ihnen der Pilot mit, der Sprit sei alle, und die Maschine werde leider gleich abschmieren. Außerdem gebe es nur drei Fallschirme.
Kaum hat er es ausgesprochen, schnappt sich der Pilot auch gleich einen der Fallschirme, ruft: »Ich habe Frau und Kinder!«, und springt los.
Daraufhin brüllt der Torwart:
»Ich bin der beste und klügste Fußballer der Welt!«, schnappt sich den zweiten und springt ebenfalls.
Der DFB-Präsident klopft dem Bundestrainer seufzend auf die Schulter und sagt:
»Ich bin alt und du noch jung. Komm, nimm du den letzten Fallschirm!«
Daraufhin der Trainer:
»Nur keine Panik! Der klügste Fußballer der Welt ist gerade mit dem Schlafsack abgesprungen!«

Wie hoch ist der Marktwert der
deutschen Fußball-Nationalmannschaft?
88 Cent – nämlich elf Mal
8 Cent Flaschenpfand.

Welche Funktion haben die
kleinen Jungs neben den
Nationalspielern vor dem Spiel?
Sie passen auf, dass die Kicker die
Nationalhymne richtig singen.

Der Unterschied zwischen Mallorca und
der deutschen Nationalmannschaft?
Über Mallorca lacht meistens die Sonne.
Über die deutsche Nationalmannschaft
lacht meistens ganz Europa.

Ein Nationalspieler wird gefragt:
»Wissen Sie eigentlich, dass Sie viel mehr
verdienen als der Bundeskanzler?«
Seine Antwort:
»Das kann schon sein, aber haben Sie den
Kanzler schon mal Fußball spielen sehen?«

Eine Fee findet im Wald drei ausgesetzte Babys. »Ihr süßen Kleinen«, flötet sie, »ihr dürft euch wünschen, was für einen Beruf ihr ergreifen werdet, und ich werde euch diesen Wunsch auf der Stelle erfüllen!«
Das erste Baby schreit: »Lehrer!«, und ehe es sich versieht, steht es vor einer Schulklasse und unterrichtet.
Das zweite Baby ruft: »Pilot!«, und findet sich gleich darauf im Cockpit eines Jets wieder.
Das dritte Baby will gerade seinen Berufswunsch äußern, rutscht dabei aus und ruft: »Mist!« – und schon ist es deutscher Fußballnationalspieler.

Nach einer peinlichen 0:5-Auswärtsniederlage beschließt der Kapitän der Nationalmannschaft, sich zu verkleiden, um am Flughafen nicht erkannt zu werden und den pöbelnden Fans zu entgehen.
Mit Perücke, Bart und Sonnenbrille spaziert er durch die Abfertigungshalle. Da spricht ihn eine alte Dame an: »Hallo, Michael!«
Der ist völlig verblüfft und fragt: »Mein Gott, wie haben Sie mich erkannt?«
»Pssst, nicht so laut. Ich bin's, dein Trainer!«

Zwei Nationalspieler feiern miteinander Silvester.
Sagt der eine:
»Wenn das bloß kein Unglücksjahr wird!«
»Warum?«
»Na, weil's ausgerechnet mit einem Freitag beginnt.«
»Da können wir doch froh sein, dass es nicht auch noch ein Dreizehnter ist!«

Drei Nationalspieler retten sich nach einem Flugzeugabsturz auf eine einsame Insel. Nach langer Zeit erscheint plötzlich eine gute Fee und sagt:
»Jeder von euch hat einen Wunsch frei!«
Der erste muss nicht lange überlegen:
»Ich möchte gern wieder nach Hause zu meiner Familie.«
Schon ist er von der Insel verschwunden.
Der zweite wünscht sich:
»Ich will endlich wieder in meine Stammkneipe.«
Auch sein Wunsch wird erfüllt.
Der dritte sagt:
»Ich fühle mich so allein. Ach, wären doch meine beiden Kumpels wieder da!«

Trainingslager. Treffen sich zwei Nationalspieler vormittags in der Lobby des Hotels.
»Hast du schon gefrühstückt?«
»Nein, keinen Schluck.«

Der Nationalspieler braucht neue Autogrammkarten und will sich fotografieren lassen. Er fährt in die Stadt und sucht den Fotografen auf. Der fragt ihn, wie das Bild sein soll. Aber er kann sich nicht entscheiden.
»Schon recht, mein Herr«, sagt der Fotograf, »vielleicht blättern Sie mal dieses Album durch. Hier sind Bilder in allen Ausführungen und Größen: Profil, en face, Brustbild, Luxusausführungen, vor künstlerischem Hintergrund – da werden Sie bestimmt was Passendes finden.«
Der Kicker nimmt das Album und blättert. Nach einer Weile wird der Fotograf ungeduldig und fragt: »Nun – wie haben Sie sich entschieden?«
Der Spieler sieht ihn unschlüssig an und meint: »Ihre Bilder gefallen mir schon ganz gut – aber wissen Sie, ich möchte für meine Fans doch gern eins, wo ich selber drauf bin.«

Der Sohn des Teamchefs fragt seinen berühmten Vater: »Du Vati, sind das Nelken oder Chrysanthemen?«
»Das sind Chrysanthemen, mein Sohn!«
»Und wie schreibt man das?«
»Ich glaube, ich habe mich geirrt. Es sind doch Nelken ...«

Treffen sich Franz Beckenbauer und ein Hellseher.
Fragt Beckenbauer:
»Wird Deutschland Weltmeister?«
Sagt der Hellseher: »Schau'n mer mal!«

Rechtsanwalt zu seinem Klienten, einem gut bezahlten Nationalspieler:
»Ich muss Ihnen leider eine schlechte Nachricht überbringen.«
»Und die wäre?«
»Ihre Frau hat ein Bild gefunden, das eine Million Euro wert ist!«
»Wieso ist denn das eine schlechte Nachricht?«
»Das Bild ist von Ihnen und der Sekretärin der Geschäftsstelle Ihres Vereins!«

Der Nationalspieler schenkt seiner Frau ein neues Auto. Nachdem er ihr alles erklärt hat, bittet sie ihn, ihr den Fahrersitz vorzustellen. Der Spieler öffnet die Fahrertür.
Mit strahlendem Lächeln sagt er: »Also, liebe Pia, das ist der Fahrersitz. Und du, lieber Fahrersitz: Das ist meine Frau Pia!«

Der gut betuchte Nationalspieler
hat sich ein Flugzeug gekauft und fliegt
zum ersten Mal den
Münchner Flughafen an.
Vom Tower aus wird er gefragt:
»What's your position?«
Der Spieler: »Ich sitze ganz vorn!«

Was ist Jürgen Klinsmanns größte
Qualität für den DFB?
Er ist nicht Lothar Matthäus.

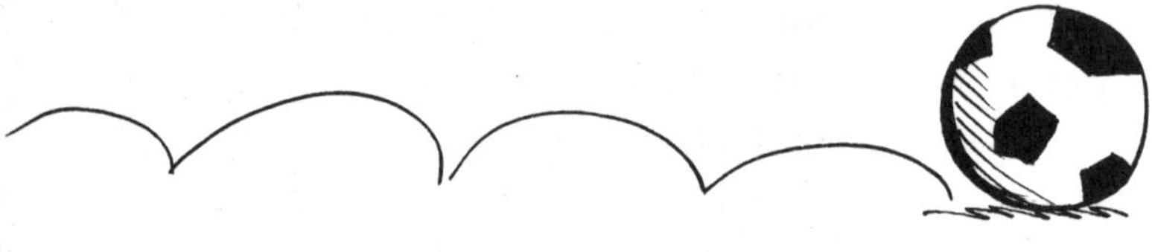

»Mario«, belehrt der Mannschaftskapitän der Nationalmannschaft seinen Mitspieler. »Du solltest besser auf deine Gesundheit achten, sonst wirft dich der Trainer aus dem Kader. Du weißt ja, zuerst merkt man nichts, aber der Alkohol ist ein langsam tötendes Gift.« Mario: »Macht nichts – ich habe Zeit!«

Klaus, der in letzter Zeit etwas glücklose Mittelstürmer der Nationalmannschaft, kommt eine halbe Stunde zu spät zum Festbankett auf Schloss Taubenstein – ein riesiges Anwesen. Seine Mannschaftskollegen beginnen schon zu kichern, aber Graf Hugo, der charmante Gastgeber, springt dem sichtlich verlegenen Stürmer freundlich zur Seite: »Aber mein Lieber, ist doch kein Beinbruch. Es kann schon mal vorkommen, dass man das Tor nicht findet.«

Der Innenverteidiger zum Bundestrainer: »Herr Trainer, ich kann morgens meine heiße Schokolade nicht mehr trinken. Danach habe ich immer so ein stechendes Gefühl im linken Auge.« Rät der Trainer: »Dann nimm doch vorher mal den Löffel aus der Tasse ...«

Der Sohnemann kommt ganz aufgeregt
ins Wohnzimmer gerannt.
»Papi, Papi! Es ist etwas ganz Furchtbares passiert«,
ruft er ganz aufgeregt. »Wir haben einen
Wasserrohrbruch in der Küche.«
»Na, jetzt hast du mich aber ganz schön
erschreckt«, antwortet der Vater lachend. »Ich
dachte schon, der Ballack hätte sich verletzt
und könne heute Abend nicht spielen.«

Kurz vor dem Länderspiel Deutschland – Italien. Auf dem Weg von der Umkleidekabine aufs Spielfeld feixt der Italienlegionär mit seinem Vereinskollegen: »Ist schon ein weiter Weg bei uns bis zum Spielfeld. Da kann einem so einiges durch den Kopf gehen.«
»Mach dir mal keine Gedanken!«, entgegnet der beinharte italienische Verteidiger. »Auf dem Rückweg wirst du getragen.«

Warum fällt ständig das Tor um,
wenn sich der deutsche Nationaltorhüter
dagegen lehnt?
Ist doch klar! Der Klügere gibt nach.

Zwei Nationalspieler haben sich während des Trainingslagers beim Joggen im Wald verirrt. Nach einiger Zeit finden sie eine Hütte. Kaum sind sie drin, sagt einer zum anderen: »Hier ist es aber kalt! Mach doch mal den Ofen an!«
»Okay«, sagt der andere und fängt an: »Hey, Ofen, wie wär's mit uns beiden?«
»Bist du blöd!«, sagt der erste. »Du sollst ihn anheizen!«
»Ach so! Sag's doch gleich! ... Ofen go, Ofen go, Ofen go ...«

Der Kapitän der Nationalmannschaft steht im Garten und sieht, dass auf seinem Dach einige Ziegel fehlen. Schnell rennt er zurück ins Haus und bemerkt, dass ein paar Tassen verschwunden sind. Aufgeregt ruft er bei der Polizei an: »Herr Kommissar, ich habe einen Dachschaden und nicht mehr alle Tassen im Schrank!«

Deutschland gegen Ungarn: Gelbe Karte in der 63. Minute für Ziege – wegen Meckerns.

Vater und Sohn gehen zum ersten Mal zum Länderspiel. Weil sie keinen Parkplatz finden, kommen sie fast 30 Minuten zu spät zu ihren Plätzen. Der Vater ist stinksauer, aber der Kleine tröstet ihn: »Dann bleiben wir halt auch eine halbe Stunde länger, Vati!«

Zwei Tiger treffen sich im Zoo:
»Habe gehört, du hättest mal einen Ausbruch geschafft?«
»Klaro!«
»Und? Wie lief es?«
»Zuerst prima! Ich habe mich in der Geschäftsstelle des DFB versteckt und jeden Tag heimlich einen Funktionär gefressen. Das fiel erst gar nicht auf.«
»Und wie ist es aufgefallen?«
»Dumm gelaufen! Eines Tages habe ich aus Versehen eine Putzfrau erwischt!«

Unterhält sich der Bundestrainer
mit seinem Assistenten.
»Kennst du das, Jogi? Immer wenn ich
vor einem Länderspiel Kaffee trinke,
kann ich nachts nicht schlafen!«
Jogi: »Komisch, bei mir ist es genau umgekehrt:
Wenn ich schlafe, kann ich keinen Kaffee trinken!«

Der Bundestrainer hält nach der verkorksten Europameisterschaft einen Vortrag vor der Mannschaft. Thema: Erfolg und Fitness.
»Meine Herren! Mit Blick auf die kommende Weltmeisterschaft gilt ab sofort für Sie alle: keinen Tropfen Alkohol mehr, keine Zigaretten, keine Frauen, keine Partys, kein Fleisch, jeden Abend Punkt neun ins Bett und vor allem eins, Jungs: Ihr müsst wieder mehr Freude am Leben finden.«

Sitzen zwei Irre im Keller und
starren auf die Waschmaschine.
Sagt der eine:
»Wann geht denn endlich das Länderspiel los?«
»Ist doch ganz klar: Wenn die
endlich die Trikots gewaschen haben ...«

Jürgen Klinsmann lädt nach dem gewonnenen Länderspiel seine ganze Mannschaft zum Essen ein. Als es ans Zahlen geht, fragt er den Ober:
»Trinken Sie eigentlich, Herr Ober?«
Der Ober wehrt ab: »Aber nein, mein Herr, wo denken Sie hin!«
Darauf der Trainer ganz pfiffig:
»Dann brauchen Sie ja auch kein Trinkgeld.«

Der Pfarrer predigt vor leeren Bänken. Selbst der Organist und der Kirchendiener haben ihn im Stich gelassen. Hilfe suchend wendet sich der Pfarrer an die Kirchenmaus:
»Na, weißt du vielleicht, warum mich heute meine Schäfchen sitzen gelassen haben?«
Die Maus zwinkert: »Na, ganz einfach: Deutschland spielt gegen Brasilien!«

Wann wurde die deutsche Fußball-Nationalmannschaft zum ersten Mal schriftlich erwähnt?
Im Alten Testament:
»Sie trugen seltsame Gewänder und irrten planlos umher.«

Wir befinden uns im Zeitalter von Pisa.
In der vierten Klasse sagt die Lehrerin:
»Harry, nenn mir mal drei berühmte
Deutsche mit dem Anfangsbuchstaben B!«
Daraufhin Harry: »Beckenbauer,
Ballack, Bierhoff!«
Die Lehrerin entgeistert: »Hast du noch nie
etwas von Bach, Beethoven oder Brahms gehört?«
»Ehrlich gesagt«, erwidert der Schüler,
»die Ersatzspieler kenne ich nicht so gut!«

Ein Mann ruft bei den Organisatoren
für die Fußball-WM an:
»Ich hätte bitte gern zwei Karten
für das Endspiel!«
»Tut uns Leid. Das Endspiel und das Spiel
um Platz drei sind bereits ausverkauft.«
»Gut, dann nehme ich zwei Karten
für das Spiel um Platz zwei.«

Wie kann man einen Nationalspieler
nach einem Spiel zum Lachen bringen?
Indem man ihm vor dem Spiel
einen Witz erzählt!

»Und Lukas, hast du meinen Rat befolgt, langsam zu zählen, wenn du nicht einschlafen kannst?«, fragt der Nationalspieler seinen besten Freund.
»Klar! Ich habe langsam bis drei gezählt, so wie du es mir empfohlen hast.«
»Und dann bist du eingeschlafen, nicht wahr?«
»Eigentlich nicht, dann war es Zeit zum Aufstehen!«

Der störrische Nationalspieler zum Bundestrainer: »Also wirklich, Jürgen. Das finde ich nicht fair. Letzte Woche hast du noch gesagt, dass ich dabei bin, und jetzt sitze ich nicht mal auf der Bank. Hast du etwa Gedächtnisschwund?«
Darauf der Trainer: »Wie war noch mal dein Name? Was hast du gerade gesagt?«

Der Debütant in der Nationalmannschaft fragt seinen berühmten Stürmerkollegen nach dem Training:
»Du, Miro, kann ich vielleicht dein Trikot für meine Mutter haben?«
»Kommt nicht in die Tüte! Auf solche Tauschgeschäfte lasse ich mich nicht ein.«

Erster Schultag mit einer neuen Klasse. Die Lehrerin möchte ihre Schüler besser kennen lernen und lässt jeden sich vorstellen. »Mein Name ist Natalie, ich bin elf Jahre alt, und mein Vater ist Postbote.« »Mein Name ist Peter, ich bin zehn und ein halbes Jahr alt, und mein Vater ist Mechaniker.« »Mein Name ist Klaus, ich bin elf Jahre alt, und mein Vater ist Nackttänzer in einer Oben-Ohne-Bar.« Völlig verstört wechselt die Lehrerin das Thema. In der Pause ruft sie Klaus zu sich und fragt ihn, ob die Geschichte mit seinem Vater wahr sei. Der Junge wird rot und stottert: »Nein, mein Vater spielt in der Fußball-Nationalmannschaft, aber es war mir zu peinlich, das zu sagen.«

Sitzen zwei deutsche Nationalspieler in der Kneipe und wollen sich einen edlen Tropfen genehmigen. Fragt der eine den Kellner: »Servieren Sie auch Flaschen?« Antwortet der Kellner: »Wir bedienen hier grundsätzlich jeden!«

Ein kleiner Junge zu seinem Vater:
»Papi, wann ist Klinsmann geboren?«
»Weiß ich nicht.«
»Wie oft wurde Deutschland Europameister?«
»Keine Ahnung!«
»Wie viele Länderspiele hat eigentlich Lothar Matthäus gemacht?«
»Mein Sohn, tut mir Leid ...«
»Also ehrlich, Vati – man kann dich an historischen Sachen fragen, was man will: Du weißt es nicht! Und du willst Geschichtslehrer sein!«

Zwei Nationalspieler schlendern während der Fußball-WM durch die Berliner Innenstadt.
Sagt der eine: »Schau dir mal diese Preise an: eine Hose zehn Euro, ein Mantel 15 Euro und ein ganzer Anzug 25 Euro! Und da jammern die Leute immer über die gestiegenen Preise seit der Währungsumstellung!«
Eine Passantin, die das Gespräch belauscht hat, mischt sich ins Gespräch ein:
»Meine Herren, Sie stehen hier vor einer chemischen Reinigung.«

Jürgen Klinsmann und Jogi Löw schleichen sich vor der Weltmeisterschaft als Beachvolleyballer verkleidet ins Geheimtraining der brasilianischen Nationalmannschaft ein, um vor dem Länderspiel letzte wichtige Erkenntnisse zu sammeln. Nach einer Weile werden sie von einem Ordner entdeckt und angeraunt: »He, könnt ihr nicht lesen? Zutritt verboten!« Meint Klinsmann mit Unschuldsmine: »Wieso? Wir sind doch nur zu zweit!«

Nach dem gewonnenen Länderspiel werden dem Kapitän der Nationalmannschaft versehentlich 5.000 Euro Siegprämie zu viel überwiesen. Er nimmt's dankbar hin und schweigt. Als ihm aber nach dem nächsten Sieg das Geld von der Prämie abgezogen wird, weil der Fehler zwischenzeitlich bemerkt wurde, wird er bei der Geschäftsstelle des DFB vorstellig: »Sie haben mir 5.000 Euro zu wenig überwiesen! Das ist doch eine Unverschämtheit!« Man weist ihn darauf hin, dass er beim vorigen Mal 5.000 Euro zu viel bekommen habe: »Und da haben Sie kein Wort gesagt, mein Guter.« Darauf der Spieler: »Einmal lässt man sich ja noch einen Fehler gefallen und sagt nichts. Aber wenn so was dauernd vorkommt ...!«

Bei Berti Vogts in Mönchengladbach klingelt das Telefon. Seine Frau hebt ab, meldet sich und hört: »Guten Tag, ich würde gern den Bundestrainer sprechen.«
»Da haben Sie leider Pech, mein Mann ist nicht da, und Bundestrainer ist er auch nicht mehr!«, erwidert sie.
»Oh, Danke!«, tönt die Stimme und legt auf.
Wenige Minuten später klingelt es erneut. Frau Vogts hebt ab, meldet sich und hört wieder: »Guten Tag, ich würde gern den Bundestrainer sprechen.«
Frau Vogts, noch sehr geduldig, erwidert erneut: »Guter Mann, mein Mann ist nicht hier und auch nicht mehr Bundestrainer – schon lange nicht mehr.«
»Ah, ja! Danke!«, kommt es wieder aus dem Hörer, und erneut wird aufgelegt.
Es vergehen keine fünf Minuten, da klingelt es schon wieder: »Guten Tag, ich würde gern den Bundestrainer sprechen.«
Frau Vogts, inzwischen ziemlich missmutig: »Wie oft soll ich es Ihnen denn noch sagen? Mein Mann ist nicht mehr der Bundestrainer! Und noch einmal, damit Sie es kapieren: Mein Mann ist kein Bundestrainer mehr!«
Jubelt der Anrufer: »Machen Sie weiter, machen Sie weiter, ich kann's gar nicht oft genug hören!«

Kapitel 3

Fußballer und ihr Privatleben

Die Frau des Starkickers macht mit ihrem Mann an einem seiner wenigen freien Tage einen Stadtbummel. Vor einem exquisiten Pelzladen bleibt sie wie angewurzelt stehen. »Liebling«, seufzt sie, »den – oder keinen!« »Na schön«, meint der Spieler ungerührt, »dann keinen!«

Ein bekannter Stürmer ist zu einer vornehmen Abendgesellschaft eingeladen. Nach dem Essen und ein wenig Small Talk mit einigen Gästen wendet er sich an die Gastgeberin: »Denken Sie jetzt bitte nicht, ich sei unhöflich, weil ich immer auf die Uhr schaue! Ich langweile mich bloß ganz furchtbar!«

Treffen sich zwei Fußballer.
Fragt der erste: »Wohin gehst du?«
»Ins Kino.«
»Was kommt denn?«
»›Quo Vadis‹. Ist wohl Latein.
Weißt du zufällig, was das heißt?«
»Wohin gehst du?«
»Sagte ich doch schon: ins Kino.«

Hässler, Littbarski und Thon gehen in eine Kneipe und bestellen beim Wirt: »Drei Kurze!« Der entgegnet: »Das sehe ich, aber was wollt ihr trinken?«

Ein Nationalspieler kommt zur Bank und möchte für 1.000 Euro Schatzbriefe kaufen. Da er aber vorsichtig ist, fragt er seinen Anlageberater:
»Was passiert, wenn die Bank pleite macht?«
»Dann ist immer noch die Bundesbank da.«
»Und wenn die Bundesbank pleite macht?«
»Dann ist immer noch die Regierung da.«
»Und wenn die Regierung pleite macht?«
»Das müsste Ihnen doch ein Tausender wert sein.«

Der etwas kurz geratene Verteidiger
kommt mit einem Veilchen
nach Hause. Fragt seine Frau:
»Was hast denn du angestellt?«
»Es hat angefangen zu regnen, und da
hab' ich mich unter einen Pilz gestellt.«
»Aber davon kriegt man doch kein Veilchen!«
»Doch! Denn dann sind die sieben Zwerge
gekommen und haben mich verhauen!!!«

Ein Bundesligaspieler kommt nach Hause.
Seine Frau: »Übrigens: Die Lehrerin
von unserem Sohn war vorhin bei uns.
Er soll auf die Sonderschule!«
»Warum denn nicht?! Wenn er
das Zeug dazu hat ...«

Mit gelangweiltem Gesichtsausdruck sieht der hoch dotierte Stürmerstar die Morgenpost durch. Fragt ihn seine Frau, ob denn etwas Besonderes dabei sei.
»Nein, mein Schatz! Nichts von Bedeutung. Nur Werbung, Drucksachen und die Benachrichtigung der Lottozentrale, dass wir sechs Richtige haben!«

Sagt der Sohn vom Bundesliga-Kicker zu seinem Papa: »Papa, da an der Tür steht jemand und sammelt für das neue Hallenbad.«
Der antwortet: »Okay, gib ihm drei Eimer Wasser!«

Zwei Fußballer machen zusammen die Führerscheinprüfung. Sie beginnen mit der Theorie.
Fahrlehrer: »Nennen Sie mir ein Teil vom Auto.«
Der erste: »Linkes Hinterrad!«
Der zweite: »Rechtes Hinterrad!«
Fahrlehrer: »Nun ein Teil im Inneren des Autos!«
Der erste: »Linker Rücksitz!«
Der zweite: »Rechter Rücksitz!«
Fahrlehrer: »Und nun will ich von Ihnen noch eine bekannte Automarke wissen.«
Der erste: »Jaguar!«
Der zweite: »Februar!«

Beschwert sich ein Bayern-Spieler bei Franz Beckenbauer: »Du mit deinen Werbeaussagen! Ich habe letztens mein Handy auseinander geschraubt. Von wegen, die Grundgebühr ist auch schon drin – keinen Cent habe ich gefunden!«

Warum sind Carsten Jancker und David Beckham so gute Kumpels?
Weil sie sich nicht in die Haare kriegen können!

Zwei Fußballer auf Entenjagd.
Der eine legt an, schießt, und die Ente fällt tot zu Boden.
»War das nicht ein toller Schuss?«, fragt der Schütze.
»Völlig überflüssig«, entgegnet der andere. »Den Sturz hätte das Vieh sowieso nicht überlebt!«

Drei Fußballer müssen wegen Geschwindigkeitsübertretung für je drei Monate ins Gefängnis. Vorher darf sich jeder wünschen, was er gern mitnehmen möchte. Der erste wünscht sich einen DVD-Player und hundert gute Filme, der zweite drei Kisten des besten Weins und der dritte 20 Stangen Zigaretten. Als sie entlassen werden, hat der erste alle Filme gesehen, der zweite den ganzen Wein ausgetrunken, und der dritte fällt dem Wärter um den Hals und sagt nur einen Satz:
»Endlich!!!! Haben Sie Feuer für mich?«

Kalle kommt mit einem dicken Verband
um die rechte Hand ins Training.
»Was hast du denn angestellt?«, will
sein Mitspieler wissen.
»Ich wollte eine Mücke erschlagen,
die an der Wand saß!«
»Wohl zu fest zugehauen?«
»Das nicht. Aber es war keine Mücke,
es war ein Nagel ...«

Ein Fußballprofi rast über die Autobahn. Da sieht
er ein rotes Männchen. Das Männchen stoppt
ihn und sagt: »Gib mir deine Fußballschuhe!«
Der Spieler gibt sie ihm.
Hundert Meter weiter sieht er ein gelbes
Männchen. Das stoppt ihn und sagt: »Gib mir
dein ganzes Geld!«
Der Spieler tut, wie ihm geheißen.
Noch mal 100 Meter weiter sieht er ein
grünes Männchen, das ihn anzuhalten versucht.
Da platzt dem Fußballer der Kragen und er brüllt:
»Und was willst du dummes, hässliches,
überflüssiges grünes Männchen von mir?«
Das grüne Männchen sagt: »Führerschein
und Papiere bitte!«

Polizist zum Starkicker: »Haben Sie das Schild mit der Geschwindigkeitsbegrenzung nicht gesehen?« Antwortet der: »Nein. Wie auch? Bei dem Tempo!?«

Der hünenhafte Libero stürmt in die Drogerie: »Wer hat meiner Frau Alleskleber statt Zahnpasta verkauft?«
Kleinlaut meldet sich der Lehrling.
Der Spieler drückt ihm zehn Euro in die Hand und sagt: »Danke! Endlich ist mal Ruhe!«

Torwart an der Bar: »Bitte einen Martini!«
Fragt der Barkeeper: »Dry?«
Der Keeper: »Nein, einer reicht!«

Der kräftige Verteidiger kommt mit einem blauen Auge in die Stammkneipe.
Grinst ihn sein Torwart an:
»Na, wo hast du denn das her?«
Der Verteidiger kneift das gesunde Auge zu und brummt: »Ich habe es von einem Mann, den ich gefragt habe, wo er sein blaues Auge her hat.«

Der Torwart kommt aus
dem Afrikaurlaub zurück.
»Hast du auch wilde Tiere gesehen?«,
will sein Trainer von ihm wissen.
»Ja. Als Erstes ein Dangerous.«
»Was ist das denn?«, fragt der Trainer.
»Es war groß, grau und hatte
einen Rüssel«, meint der Torwart.
»Toll. Was noch?«
»Zwei andere Dangerous: ein gelbes mit
Mähne und ein geschecktes mit langem Hals.«
Der Trainer ist verwundert: »Das klingt
eher nach Elefant, Löwe und Giraffe.«
»Das dachte ich auch zunächst«, sagt der Torwart.
»Aber auf dem Schild im Nationalpark stand:
›All animals are dangerous‹!«

Der bullige Torwart fährt in seinem Kleinstwagen
zur Autowerkstatt. Beugt sich der Kfz-Lehrling
zu ihm hinunter und fragt grinsend:
»Wie sind Sie denn eigentlich in dieses Mini-Auto
hineingekommen?!«
»Gar nicht«, zischt der Keeper durch die
zusammengepressten Zähne.
»Mein Vater hat mich darin ausgesetzt!«

Der zerstreute Trainer wird von seinem Sohn gefragt: »Papa, kannst du mir sagen, wie das Gehirn funktioniert?«
Daraufhin der Coach: »Lass mich in Ruhe. Ich habe andere Sachen im Kopf!«

In die Wohnung eines arbeitslosen Fußballprofis steigt ein Einbrecher ein.
»Keinen Laut, oder ich schieße!«, droht der Einbrecher, »Rücken Sie das Geld lieber freiwillig raus, sonst hole ich es mir mit Gewalt.«
»Moment«, antwortet der Spieler, »ich suche mit!«

Friseur zum eitlen, von allen Teenies umschwärmten Jungprofi:
»Möchten Sie die Stirnlocke behalten?«
»Ja, auf jeden Fall! Die ist doch mein Markenzeichen!«
»Gut« – schnipp –, »dann packe ich sie Ihnen ein.«

Fußballer zu seinem Anlageberater:
»Ich möchte mein Geld in Steuern anlegen, ich habe gehört, dass die steigen werden ...«

Das Getriebe des nagelneuen Porsche vom Bundesliga-Stürmerstar ist innerhalb einer Woche zum dritten Mal kaputt. Der Meister in der Autowerkstatt schüttelt erstaunt den Kopf und nimmt den Fahrer zur Seite.
»Ganz im Vertrauen. Sie bekommen das Getriebe natürlich auf Garantie wieder ausgetauscht, aber wie machen Sie das jedes Mal?«
»Fragen Sie mich nicht«, meint der berühmte Kicker mit Unschuldsmiene.
»Ich fahre wie jeder andere auch: im ersten Gang bis 30, dann schalte ich in den zweiten, ab 60 in den dritten, ab 80 in den vierten – und ab 140 schalte ich auf ›R‹, in den Rallyegang!«

Ein Lkw wird auf der Autobahn von der Luxuslimousine eines Bundesliga-Jungprofis fies geschnitten und kommt fast von der Straße ab. Geistesgegenwärtig schafft es der Lkw-Fahrer, den arroganten Kicker auf einem Rastplatz zu stellen. Der Lastwagenfahrer, ein bulliger Kerl, zerrt den eher schmächtigen Fußballer aus dem Wagen, fesselt ihn an den Armen, zeichnet mit Kreide einen Kreis um ihn und warnt: »Hier bleibst du stehen, du Mistkerl! Und wehe, du verlässt den Kreis!!«

Dann widmet er sich dem teuren Wagen: Mit seinem Autoschlüssel zerkratzt er den Lack von vorne bis hinten. Als er danach einen Blick auf den Besitzer wirft, grinst der völlig ungeniert. Das macht den Brummi-Lenker noch wütender. Er holt aus seinem Lkw einen Baseball-Schläger und zertrümmert damit die Scheiben des Wagens.

Der Fußballer aber grinst noch viel breiter.

»Ach, das findest du wohl auch noch witzig?«, schimpft der Lastwagenfahrer und beginnt, mit einem Schraubenzieher die Reifen zu zerstechen.

Der Kicker aber bekommt vor lauter Kichern schon einen roten Kopf.

Nachdem der Lkw-Fahrer auch noch die Ledersitze aufgeschlitzt, die Antenne und die Rückspiegel abgerissen hat und der Spieler sich trotzdem vor Lachen kaum noch auf den Beinen halten kann, baut sich der Hüne vor ihm auf und brüllt: »Hör mal! Ich zerstöre dein Auto, und du kriegst dich nicht mehr ein. WARUM?!?!«

Gluckst der Fußballer: »Immer wenn du nicht hingeguckt hast, bin ich schnell aus dem Kreis gehüpft!«

Ein Polizist hält einen forschen Jung-Fußballer wegen zu schnellen Fahrens an.
»Ihren Führerschein bitte!«
»Den habe ich nicht.«
»Dann eben Ihre Fahrzeugpapiere!«
»Habe ich auch nicht. Na gut, ich gebe es zu: Der Wagen ist geklaut, aber warten Sie mal, ich habe irgendetwas gesehen, als ich meine Pistole ins Handschuhfach legte.«
Der Polizist tritt entsetzt einen Schritt zurück: »Sie haben eine Pistole?«
»Na klar, die brauchte ich doch, um meine Frau zu erschießen, die tot im Kofferraum liegt!«
Der Polizist ruft über Funk Verstärkung. Binnen kurzem ist der Wagen von Polizeiautos umzingelt. Der Einsatzleiter nähert sich vorsichtig dem Fahrzeug und fragt nach den Papieren. Der Autofahrer reicht ihm Führerschein und die Fahrzeugpapiere. Der Einsatzleiter bittet darum, ins Handschuhfach sehen zu dürfen. Das ist leer. Im Kofferraum: nur Reserverad und Warndreieck.
»Hören Sie mal, mein Kollege sagt, Sie hätten keine Papiere, dafür aber eine Pistole und Ihre tote Frau im Kofferraum. Was soll das eigentlich?«
»Ich? Das hab' ich nie gesagt! Ich wette, der Spinner hat auch behauptet, ich wäre zu schnell gefahren!«

Der Bundesligaspieler reist mit seiner Frau und den beiden Kleinen im Urlaub nach Südfrankreich. An der Rezeption des feinen Hotels fragt der Empfangschef:
»Wo ist Ihre Bagage?«
»Bereits auf dem Zimmer. Sie machen sich nur noch frisch!«

Elfmeter. Der Mittelstürmer legt sich den Ball zurecht. Da hört er, wie seine Frau von der Tribüne herunterbrüllt: »Wenn du den verschießt, brauchst du gar nicht mehr heimzukommen!«
Der Spieler lächelt leise und jagt das Leder in die Wolken ...

Der junge Fußballprofi, der gerade 14 Tage den Führerschein hat, wird von einem Polizisten angehalten.
»Guter Mann, Sie sind gerade mit 120 Sachen die Stunde durch eine geschlossene Ortschaft gebraust. Das wird teuer!«
»Herr Wachtmeister, das kann gar nicht sein – ich bin doch erst seit einer Viertelstunde unterwegs!«

Der Fußballstar hat sich aus Imagegründen einen Bernhardiner gekauft. Nach dem Training erzählt er seinen Mitspielern: »Der Hund macht mir ernsthaft Sorgen – er jagt allen Kleinwagen nach.«
Allgemeines Kopfnicken in der Runde. Einer sagt: »Ach, das kommt bei Hunden dieser Größe öfter vor. Mach dir mal keine Gedanken!«
Der Kicker grübelt: »Das sagst du! Aber ich frage mich, ob die anderen Hunde auch die Autos einfangen und sie im Garten verscharren ...«

Nachdem der Stürmer – seiner Meinung nach zu Unrecht – vom Platz gestellt wurde, geht er stinksauer in eine Buchhandlung und meint zur Verkäuferin: »Welchen Krimi können Sie mir empfehlen? Ich bin heute in einer Mordsstimmung!«

In die Villa des Stürmerstars wurde neulich eingebrochen.
Zwei Bücher sind gestohlen worden.
Der Fußballer ist ziemlich sauer:
Er hatte erst eins ausgemalt!

Unmutig schüttelt Susi über ihren stinkfaulen Ehemann, einen Profifußballer, den Kopf: »Sag mal, kannst du denn überhaupt irgendwas richtig machen?« »Klar, Susi! In der Mannschaft bin ich für die anderen ein gutes abschreckendes Beispiel!«

Der Bundesligastar wird in seinem Flitzer von einem Streifenwagen verfolgt. Er stoppt an einer Tankstelle, springt aus dem Wagen und verschwindet auf der Toilette. Der Polizist wartet. Als der Fußballer wieder herauskommt, strahlt er den Ordnungshüter an: »Ich wette, Sie haben gedacht, ich schaffe es nicht mehr, oder?«

Der Bundesligaspieler geht mit seiner Freundin ins Theater. Nach der Pause spricht er eine Frau an: »'tschuldigung, waren Sie das, der ich vorhin kräftig auf den Fuß getreten bin?« »Ja, allerdings, mein Herr!« »Klasse! Maren, komm, ich hab' unsere Reihe wiedergefunden!«

Vor dem Zubettgehen stellt sich der Mittelstürmer eine leere Tasse und eine Tasse mit Wasser vors Bett. Da fragt ihn seine Frau: »Warum stellst du dir eine leere und eine Tasse mit Wasser vors Bett?« Antwortet ihr Mann: »Vielleicht hab' ich in der Nacht Durst, vielleicht auch nicht ...«

»Schau«, sagt die Frau des Fußballspielers, »mit dem neuen Waschmittel ist dein Trikot schneeweiß geworden!« Darauf ihr Mann stirnrunzelnd: »Vorher war es aber grün-weiß!«

Der Torhüter beobachtet den Mittelfeldregisseur in einer Trainingspause bei einer Lektüre: »Sag mal, was liest du denn da für ein Buch?« »Ein deutsch-französisches Wörterbuch.« »Aha, fährst wohl im nächsten Urlaub nach Frankreich?« »Nein. Wir haben ein französisches Baby adoptiert und würden schon gern verstehen, was es sagt, wenn es demnächst anfängt zu sprechen!«

In der City einer großen Stadt. Ein Fußballprofi mit seinem rassigen Cabrio will rückwärts in eine Parklücke einparken. Ein Student mit seiner Ente kommt ihm jedoch zuvor und drängelt sich in den Parkplatz.
Der Student steigt aus und sagt grinsend zum wutentbrannten Fußballer: »Schnell muss man sein ...«
Der Kicker legt daraufhin den Rückwärtsgang ein, rammt mit einem Knall die Ente, steigt aus und meint trocken:
»Leisten muss man es sich können!«

Die Frau des Starspielers fragt ihren Mann: »Wie war's gestern Abend bei eurem neuen Trainer?«
»Klasse«, antwortet der. »Stell dir vor:
Die haben goldene Toiletten!«
»Du spinnst«, antwortet die Ehefrau ungläubig.
»Nein, das stimmt! Und wenn du's nicht glauben willst, kannst du ja morgen zum Frühschoppen mitkommen!«
Anderntags fahren sie zum Haus des neuen Trainers und klingeln. Dessen Frau öffnet und ruft aufgeregt ihrem Mann zu:
»Komm schnell – hier ist der Kerl, der gestern in deine Tuba gepinkelt hat!«

Nationalspieler Manni ist in seinem neuen Ferrari mit seiner ebenfalls neuen Flamme unterwegs. Als es plötzlich dunkel wird, erschrickt die Kleine gewaltig.
»Keine Angst«, erklärt ihr Manni, »wir unterqueren nur gerade einen Tanklastzug!«

Der Bundesligaprofi macht mit seinem Sohn Hausaufgaben.
Fragt der Junge: »Vati, warum hat die Giraffe denn so einen langen Hals?«
Der Vater: »Weiß ich nicht!«
Der Junge weiter: »Vati, warum ist die Erde rund?«
Der Vater wieder: »Weiß ich nicht!«
Der Sohn probiert's noch mal: »Vati, warum können Vögel fliegen?«
Der Kicker: »Keine Ahnung!«
Der Sohn: »Vati, dich stören doch hoffentlich nicht meine Fragen?«
Der Vater: »Ach was, mein Sohn. Du musst doch fragen, sonst lernst du ja nichts!«

Profikicker Hansi in der Abendschule.
Fragt der Lehrer: »Es gibt Millimeter,
Zentimeter, Dezimeter, Meter,
Quadratmeter. Was gibt es noch?«
Nach kurzem Überlegen meldet sich
Hansi strahlend: »Elfmeter!«

Der Lehrer ist voll des Lobes über
Marions Leistungen:
»Diese Woche hast du dich wirklich angestrengt
und fleißig geübt, was? Deine Hausaufgaben
in Mathe sind auch richtig.«
»Nee, mein Vater ist bloß im Trainingslager!«

Sagt die Frau des Fußballers abends nach dem
Spiel zu ihrem Mann: »Du Schatz, dein linkes
Bein ist ja noch ganz schmutzig!«
»Verflixt!«, antwortet der. »Hab ich in der
Dusche doch glatt ein falsches Bein gewaschen.«

Wie nennt man einen Fußballer
mit einem halben Gehirn?
Begabt!

Ein Fußballspieler wartet auf die Straßenbahn und verkürzt sich die Zeit damit, Dribbelschritte zu üben.
»Kommen Sie, junger Mann«, sagt eine ältere Passantin mitleidig zu ihm, »ich zeige Ihnen mal eben, wo die Toilette ist.«

Was macht ein Fußballer, wenn er sich
mit beiden Händen die Ohren zuhält?
Er versucht, einen Gedanken zu behalten.

Geht der Fußballspieler mit seiner Gattin in ein vornehmes Restaurant. Weil er nicht genau versteht, was auf der Speisekarte steht, sagt er bei der Bestellung: »Kellner, bitte bringen Sie mir das Essen, das Sie der Dame am Nachbartisch serviert haben!«
»Bedaure, mein Herr, aber ich glaube nicht, dass sie es sich wegnehmen lässt ...«

Stehen 22 Liliputaner in der Kneipe am Tresen.
Kommt ein Gast rein und fragt erstaunt:
»Was'n hier los? Ist etwa der Kicker schon
wieder kaputt?«

Zwei Fußballer im Gourmettempel.
Der Kellner empfiehlt den beiden die Spezialitäten des Hauses:
»Wir haben Weinbergschnecken, Froschschenkel, Garnelen ...«
»Wenn ich Sie unterbrechen dürfte«, meint der eine, »wir wollten eigentlich bei Ihnen speisen und nicht das ganze Ungeziefer wegfressen!«

Matheunterricht im Fußballinternat.
»Zur Sicherheit rechnet ihr die Aufgabe bitte mehrmals durch und schreibt dann das Ergebnis hin«, empfiehlt der Lehrer.
»Alle Ergebnisse?«, tönt es im Chor.

Mario Basler sitzt in einer pfälzischen Weinstube und sinniert vor sich hin. Kommt der Ober vorbei und fragt: »Entschuldigen Sie, mein Herr, Ihr Glas ist leer. Darf ich Ihnen noch eins bringen?« Antwortet Mario: »Nein, natürlich nicht – was soll ich denn mit zwei leeren Gläsern anfangen?«

Sommer in der Stadt. Während die Frau des Bundesligaspielers ihren kleinen Sohn ins Bett bringt, bricht ein wildes Gewitter los. Als sie das Licht ausschalten will, hört sie den Jungen mit zitternder Stimme sagen: »Mutti, schläfst du heute Abend bei mir?«
Die Mutter lächelt und streicht ihm beschützend über das Haar.
»Ich kann nicht, mein Schatz. Ich muss bei Papa schlafen.«
Es bleibt einen Augenblick still, dann sagt der Kleine mit bebender Stimme: »Der alte Feigling.«

Kapitel 4

Fußballer beim Arzt – seltsame Beziehungen

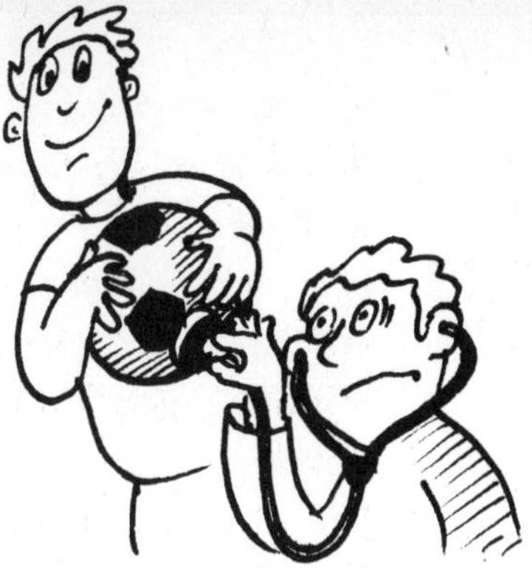

Arzt zum Spieler:
»Es ist mir peinlich, dass ich das ansprechen muss, aber der Scheck, den Sie mir beim letzten Mal gegeben haben, ist zurückgekommen.«
Kontert der Spieler:
»Meine Muskelverletzung, die Sie behandelt haben, leider auch ...«

»Mein Arzt hat mir geraten, das Fußballspielen aufzugeben.«
»Hat er denn eine schlimme Krankheit festgestellt?«
»Nein, er hat mich spielen sehen.«

Der Torwart bricht sich im
Training das Handgelenk.
»Sagen Sie mir die Wahrheit, Doktor«,
bettelt er weinerlich. »Werde ich die Hand
wieder so bewegen können wie vorher?«
»Logisch«, antwortet der Arzt. »Sie werden sogar
wieder Klavier spielen können.«
»Klasse«, freut sich der Keeper. »Das
konnte ich bisher nämlich nicht!«

Klagt der Verteidiger: »Herr Doktor,
mir wird ständig gelb und rot vor Augen.«
Rät der Arzt: »Wechseln Sie mal
den Schiedsrichter!«

Der Arzt rät dem Fußballprofi, doch mit dem
Rauchen aufzuhören, da dies seiner Leistung
abträglich sei. Er meint: »... höchstens noch
eine Zigarette nach dem Essen!«
Als der Spieler nach einigen Wochen wieder beim
Arzt erscheint, hat er ein paar Kilo zugelegt.
Der Arzt meint lobend: »Sie sehen ja gut aus,
sogar zugenommen haben Sie.«
»Kein Wunder, bei 15 Mahlzeiten am Tag.«

Der Stürmerstar hat einen Termin beim berühmten Orthopäden. Kaum hat er sich Schuhe und Socken ausgezogen, sagt der Doc: »Ich will Ihnen ja nicht zu nahe treten. Aber Sie sollten sich mal die Füße waschen.«
»Sehen Sie!«, sagt der Kicker. »Das hat unser Masseur auch schon gesagt. Aber ich dachte: Fragste lieber mal 'ne Kapazität.«

Der Mittelstürmer wird gefoult. Er macht einen hohen Flug, setzt zur Landung an, rollt sich dreimal über den Boden, hält sich sein Bein und schreit laut auf. Meint der Trainer zu seinem Assistenten: »Soll ich jetzt 'nen Arzt oder 'nen Theaterkritiker rufen?«

Eine große Klinik richtet eine Gehirnbank ein. Ein Philosophenhirn kostet 1.000 Euro, ein Juristenhirn 2.000 Euro, ein Medizinerhirn 5.000 Euro und ein Fußballerhirn 10.000 Euro.
»Wieso ist das Fußballerhirn denn so teuer?«, fragt ein junger Chirurg seine erfahrenen Kollegen.
»Klarer Fall: Wird fast nie gebraucht, daher so gut wie neu!«

Besorgt fragt die Frau des Torwarts den Arzt: »Sagen Sie mir die Wahrheit, Herr Doktor: Wird mein Mann nach seiner Verletzung je wieder Geschirr spülen können?«

Der Zahnarzt zu seinem Patienten:
»Bitte schreien Sie mal, so laut Sie können!«
Der Patient: »Aber Sie haben das Wartezimmer ja noch voller Patienten?!«
»Eben drum. Das Länderspiel fängt in einer Stunde an!«

Torwart beim Mannschaftsarzt. Der schaut ihm ins Ohr und sagt: »Könntest du dir bitte das andere Ohr zuhalten? Die Sonne blendet so!«

Die Ehefrau steht auf der Leiter und hängt Gardinen auf, während ihr Mann ein Champions-League-Spiel anschaut. »Schatz«, sagt sie zu ihm, »sollte ich hinunterfallen, bitte ich dich, in der Halbzeitpause oder nach Spielschluss einen Krankenwagen anzurufen.«

Arzt zum Spieler: »Noch eine Behandlung, dann haben wir es geschafft!«
Erfreut meint dieser: »Ach, bin ich dann wieder fit und kann spielen?«
»Noch nicht ganz, aber dann haben Sie immerhin meine Villa ganz allein bezahlt!«

Liegen im Krankenhaus zwei schwer Bandagierte nebeneinander. Sagt der eine: »Gestatten: Müller! Verkehrsunfall.« Sagt der andere: »Gestatten: Maier! Elfmeter gepfiffen.«

Sagt ein Arzt auf einer Party: »Sport ist eine ungemein völkerverbindende Sache. Nach einem Länderspiel habe ich einmal fünf Spieler verbinden müssen.«

Der Mannschaftsarzt eines Bundesligisten auf einer Podiumsdiskussion zum Thema »Doping im Fußball«: »Doping im Fußball bringt nix – das Zeug muss in die Spieler!«

Sagt der Chirurg zum Nationalspieler vor der Meniskusoperation: »Sie werden sicher verstehen, dass wir vor einem solchen wichtigen Eingriff alle Vorsichtsmaßnahmen treffen!«
»Ich verstehe«, meint der Kicker, greift nach seiner Brieftasche und zückt einen Scheck. »Sie verlangen wie üblich Vorauskasse!«

Der Stürmer kommt mit dick
verbundenem Arm und Bein angehumpelt.
Fragt sein Mannschaftskollege:
»Was ist denn mit dir los? Da hat aber
einer im Training zugelangt, oder?«
»Nein, das passierte nicht beim Training.
Bin von der Leiter gefallen!«
»Hoch?«
»Nein, 'runter natürlich!«

Vor der Meniskusoperation beruhigt der Chirurg
seinen Patienten, einen berühmten Fußballer:
»Machen Sie sich mal keine Sorgen. Ich habe
diesen Eingriff schon hundertmal vorgenommen!«
»Da bin ich aber beruhigt, Herr Doktor!«
»Na ja, irgendwann einmal muss es ja klappen!«

Der Arzt verordnet dem gestressten Manager Ausgleichssport. Der entscheidet sich für Fußball, findet gleich einen kleinen Amateurverein und wird ins Tor gestellt.
Bei seinem nächsten Arztbesuch hat der gute Mann ein blaues Auge.
»Na«, lacht der Arzt, »zu viel riskiert?«
»Im Gegenteil«, sagt der Manager.
»Sondern?«
»Es begann großartig. Ich stehe auf der Linie. Ein Weitschuss kommt. Mein Hirn sagt: ›Hechte in die Ecke!‹«
»Und?«
»Mein Körper sagte: ›Hör auf! Was soll die blöde Hetze?‹ Natürlich höre ich auf meinen Körper – so, wie Sie es mir geraten haben. Aber machen Sie das mal den Mitspielern klar!«

Ein Bundesligaspieler beim Arzt: »Helfen Sie mir, ich schlafe so schlecht seit einiger Zeit.«
Der Arzt: »Ja, also, ich halte nichts von Symptom-Kuriererei, wir werden sofort die Wurzel des Übels beseitigen!«
Daraufhin der Spieler: »Na, ich weiß nicht recht, meine Frau hängt doch sehr an dem Baby.«

Der äußerst robust gebaute Innenverteidiger liegt im Zahnarztstuhl und blickt ängstlich auf die Zange. Mitfühlend reicht der Zahnarzt ihm einen Schnaps und dann noch einen und noch einen.
»Na, haben Sie jetzt etwas mehr Mut?«, lächelt er den Fußballer an.
»Da können Sie sicher sein, Doktor! Ich will mal den sehen, der sich jetzt noch traut, meinen Backenzahn anzurühren!«

Ein Mann geht in die Arztpraxis und behauptet, dass sein Körper schmerzt, egal wo er ihn berührt.
»Unmöglich«, sagt der Doktor. »Zeigen Sie es mir.«
Der Mann nimmt seinen Finger, drückt gegen seinen Ellenbogen und schreit unter starken Schmerzen. Er drückt dann gegen sein Knie und schreit, drückt gegen seinen Knöchel und brüllt vor Schmerz. So geht das eine ganze Weile, bis der Doktor sagt: »Sie sind Fußballer, nicht wahr?«
»Ja«, sagt der Mann, »stimmt!«
»Dachte ich mir schon«, sagt der Doktor.
»Ihr Finger ist gebrochen.«

»Seltsam«, sagt der Vereinsarzt zu dem Bundesligaspieler, »Ihre Grippe ist immer noch nicht ausgeheilt. Haben Sie nicht meinen Rat befolgt? Sie sollten doch nach einem heißen Bad einen heißen Lindenblütentee trinken.«
»Tut mir Leid, Herr Doktor. Aber nachdem ich die Badewanne ausgetrunken hatte, brachte ich den Tee einfach nicht mehr hinunter!«

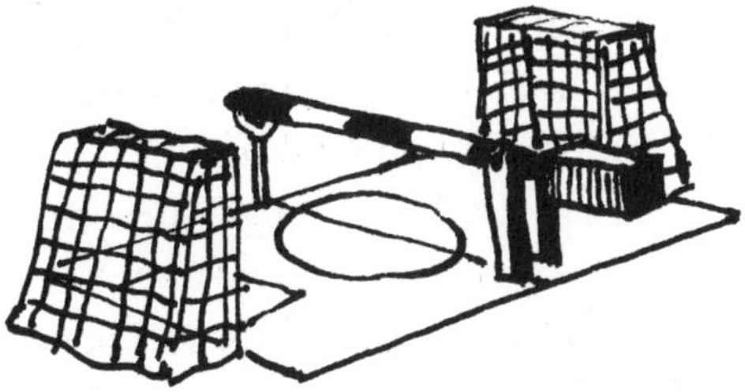

Axel will seinen Mannschaftskameraden im Krankenhaus besuchen. Er erkundigt sich bei der Anmeldung: »Wo liegt denn, bitte schön, Herr Heinze? Er wurde nach einem Sportunfall hier eingeliefert!«
Meint die Schwester: »Mein Herr, Sie kommen leider zu spät. Herr Heinze wurde gestern schon wieder entlassen. Aber kommen Sie doch nächste Woche wieder vorbei!«

Rangelei an der Seitenlinie nach Spielende. Klausi von der Heimmannschaft gerät sich mit Benni vom Lokalrivalen in die Haare.
Plötzlich ruft ein Zuschauer aus voller Kehle: »Schlag zu, Benni!«
Fragt sein Nachbar: »Spinnst du? Das ist doch einer von den Gegnern. Gehörst wohl zu denen!«
Darauf der Rufer: »Nein, nein, ich bin Klausis Zahnarzt.«

Die Frau des Bundesligamillionärs unterhält sich mit dem Psychiater ihres Mannes.
»Mein Mann denkt immer nur an das eine – an sein Geld«, jammert die Spielerfrau.
»Das werden wir bald haben«, beruhigt der sie.

Die Frau des Nationalspielers ist stolz, dass Sie den Teamarzt zu einem Hausbesuch überreden konnte, um nach ihrem verstauchten Fuß zu sehen.
»Das rechne ich Ihnen wirklich hoch an, dass Sie bei mir extra einen Hausbesuch gemacht haben«, sagt Verona entzückt.
»Ich Ihnen auch«, erwidert der Arzt.

Der nervenschwache Jungnationalspieler kommt zum Arzt seines Vertrauens: »Herr Doktor, Sie müssen mir helfen! Jedes Mal vor einem Heimspiel habe ich um 7 Uhr Stuhlgang!«
»Ja, aber das ist doch sehr gut!«, entgegnet der Arzt.
»Aber ich steh' doch erst um halb 8 auf ...«

Der Torhüter des Zweitligisten wird wegen Formschwäche zum Arzt geschickt.
»Herr Doktor, können Sie mir helfen? Ich halte in letzter Zeit fast keinen Ball mehr.«
»Hmm, ich verschreibe Ihnen erst einmal ein paar Moorbäder.«
»Und die helfen mir?«
»Nein, aber vielleicht gewöhnen Sie sich so wenigstens an die schlechten Platzverhältnisse.«

Der Nationalspieler, alle nennen ihn respektvoll das Kopfballungeheuer, hat einen Termin beim Psychiater.
»Herr Doktor, ich höre immer Stimmen, sehe aber niemand.«
Doktor: »Wann passiert das denn?«
Spieler: »Immer wenn ich telefoniere.«

Der Orthopäde eröffnet dem südamerikanischen Nachwuchstalent: »Tja, die Operation ist leider nicht so gut verlaufen. Mit Ihrem Knie wird das wohl nichts mehr. Sieht ganz nach dem Ende Ihrer Karriere aus. Ich wünsche Ihnen noch einen angenehmen Tag. Und einen guten Rückflug nach Brasilien.«
Beim Hinausgehen aus dem Krankenzimmer greift der Arzt sofort zu seinem Handy: »Schatz, ich habe eine Überraschung für dich. Die Villa, die du immer haben wolltest, wird bald frei.«

Uwe, gelernter Stürmer, kommt total fertig nach Hause und sagt zu seiner Ehefrau: »Du, Schatz, die Ärzte haben mich aufgegeben!« Darauf sie: »Aber offensichtlich an die falsche Adresse ...«

Kommt der erfolgreiche Vereinstrainer zum Neurologen.
»Herr Doktor, können Sie mir helfen? Meine Hände zittern ständig!«
»Trinken Sie viel?«
»Nein, ich verschütte das Meiste!«

Willi, Bundesligaspieler in seiner elften Saison, kommt zum Arzt.
»Herr Doktor, ich mache das nicht mehr länger mit! Immer wenn es gegen die Bayern geht, habe ich die Hosen voll. Morgen ist es wieder so weit.«
Der Arzt verschreibt ihm ein Präparat gegen den Durchfall, aber in der Apotheke bekommt er versehentlich ein Beruhigungsmittel. Eine Woche später kommt der Mann wieder zum Arzt.
»Also Doc, das Mittel, das Sie mir verschrieben haben, ist echt toll.«
»Und Sie hatten keinen Durchfall, stimmt's?«
»Das schon, aber es regt mich jetzt nicht mehr so auf!«

Der etwas ängstlich veranlagte Amateurkicker kommt nach einem kleinen Malheur im Training zum Orthopäden. Nach einer gründlichen Untersuchung kann dieser aber nichts finden und schaut etwas nachdenklich drein.
»Ist es sehr schlimm?«, fragt der Fußballer. »Werde ich wieder spielen können?«
»Machen Sie sich mal keine Sorgen!«, beruhigt ihn der Orthopäde. »Wenn Sie erst mal Ihr neues Hüftgelenk haben, laufen Sie wieder ganz rund.«

Nachdem er den Verletzten, Außenstürmer beim Tabellenletzten, untersucht hat, diktiert der Arzt die Diagnose: »Hautabschürfungen, die vierte Rippe ist gebrochen, Prellungen an der rechten Schulter ...«
Er wendet sich der Patientin zu: »Wie viele Tore haben Sie in der laufenden Saison geschossen?«
»23, Herr Doktor.«
»... und eine schwere Gehirnerschütterung.«

Der Arzt möchte dem cleveren Torwart des FC Bayern einen Schreck einjagen und sagt mit ernster Mine: »Zum Glück bist du zur Untersuchung gekommen, es war höchste Zeit!« Kontert der: »Weiß ich doch, Doc, drei Tage vor dem Ersten wird überall das Geld knapp!«

Der Teamarzt zur Frau des Bundestrainers: »Gnädige Frau, Ihr Mann ist sehr krank, sehr gestresst. Er braucht viel Ruhe in der nächsten Zeit. Ich habe ein Beruhigungsmittel aufgeschrieben. Bitte nehmen Sie alle sechs Stunden zwei Tabletten davon ...«

Der Mannschaftsarzt zum Trainer:
»Ich habe Ihnen da ein Rezept aufgeschrieben, Herr Meier ...«
Der Trainer wiegelt ab:
»Ach, lassen Sie mal sein. Ich kann eh nicht kochen.«

Der gestresste Nationalkeeper kommt wild mit den Armen fuchtelnd zum Psychiater: »Herr Doktor, Herr Doktor! Überall Fliegen, lauter Fliegen, und ich muss sie alle fangen.« Der Doktor wedelt mit einer Zeitschrift: »Aber mein Lieber! Scheuchen Sie doch nicht alle zu mir rüber!«

Die Frau des Trainers bei ihrer Hausärztin: »Frau Doktor, mein Mann redet nachts so viel im Schlaf: Mannschaftsaufstellung, Taktik, Trainingslehre ... Was kann ich nur dagegen tun?« Fragt die Ärztin: »Sagen Sie mal, Ihr Mann ist doch nicht zufällig der Trainer von Schalke 04?« »Was tut denn das zur Sache?« »Eine ganze Menge! In seinem Job hat er schließlich den ganzen Tag nichts zu melden.«

Der formschwache Stürmer der
Nationalmannschaft wendet sich völlig
verzweifelt an den Mannschaftsarzt:
»Hans, du hast mir doch
neulich dieses Röhrchen mit dem
Stärkungsmittel gegeben.«
»Ja und?«
»Ich krieg' es nicht auf.«

Der lebenslustige linke Verteidiger wankt morgens total betrunken ins Zimmer des Mannschaftsarztes. Der ist außer sich und schreit:
»Was fällt Ihnen eigentlich ein, in solch einem Zustand hierher zu kommen?«
»Ja, aber Herr Doktor, Sie haben doch selbst gesagt, das nächste Mal brauche ich nicht nüchtern zu kommen!«

Der Arzt erklärt seinem Patienten, einem berühmten Fußball-Funktionär, mit besorgter Miene:
»Sie müssen unbedingt mit dem Trinken aufhören. Ihre letzte Blutprobe hat sich verflüchtigt, bevor ich sie untersuchen konnte!«

Klein Mäxchen kommt zum Arzt.
Fragt der Arzt: »Na, Kleiner, warum kommst du denn zu mir?«

»Ich wollte mit den anderen Jungs Fußball spielen.«
»Und was ist dann passiert?«, fragt der Arzt besorgt.
Der Kleine entgegnet mit stolzgeschwellter Brust:
»Stell dir mal vor, Onkel Doktor. Ich bin jetzt unser verletzter Mittelfeldregisseur!«

Der berühmte Nationalspieler, ein echter Weltstar, empört sich beim Oberarzt der Entbindungsklinik: »Was sind denn das für Zustände bei Ihnen in der Klinik? Meine Frau musste letzte Woche unser Baby im Aufzug zur Welt bringen. Wissen Sie nicht, wer ich bin?«
Der Arzt bleibt völlig gelassen: »Trösten Sie sich, junger Mann. Sie sind nicht der Einzige. Letztes Jahr hatten wir genau den gleichen Fall, und da ließ sich der Vater ganz leicht beruhigen.«
Darauf der Fußballer: »Und, erkennen Sie mich jetzt wieder?«

Es ist Mitternacht in einer ungarischen Kleinstadt. Lautes Klopfen an der Haustür weckt den Landarzt. Vor der Tür steht Lothar Matthäus. »Herr Doktor, Sie müssen mir unbedingt helfen. Meine Frau hat eben angerufen. Ein dringender Notfall. Ich zahle auch jeden Preis.«

Der Doktor – glücklich, einem so bekannten Star helfen zu können – packt sofort seine Tasche, holt das Auto aus der Garage und lässt sich von seinem nächtlichen Besucher zu einem abgelegenen Anwesen lotsen.

»Und was bin ich Ihnen schuldig?«

»Ach, lassen Sie mal gut sein, Herr Matthäus. Sorgen Sie nur dafür, dass unsere Jungs gut spielen. Wir sollten uns lieber schnell um Ihren Notfall kümmern.«

»Hat sich schon erledigt. Meine Frau wollte mir nur schnell ihr neues Kleid zeigen, und ich konnte beim besten Willen kein Taxi auftreiben.«

»Ich werde nichts unversucht lassen!«, sagt der Arzt zum Stürmer vor der anstehenden Knieoperation. »Bevor Sie bei mir unters Messer kommen, mache ich noch kurz Halt in meinem Weinkeller.«

Nach der Blinddarmoperation sagt der Arzt zum frisch operierten Fußballprofi: »Ich muss Sie leider noch einmal aufschneiden, ich habe meine Gummihandschuhe in Ihrem Bauch vergessen!« Darauf der Kicker ganz lässig: »Wissen Sie was, hier haben Sie zehn Euro – kaufen Sie sich ein Paar neue!«

Der betagte Mittelfeldregisseur des Kreisligisten kommt zu seinem Arzt. »Herr Doktor, meine Füße schlafen während des Spiels immer ein! Ich brauche Ihren Rat. Was soll ich nur machen?«
»Einschlafen? Also, dem Geruch nach sind sie schon lange tot!«

»Sieht nach einer schlimmeren Verletzung aus!«, sagt der Arzt, als Hobbykicker Heinz direkt nach dem Spiel in seine Praxis gebracht wird. Und zur Sprechstundenhilfe: »Frau Schmidt, die Instrumente bitte!«
»Na, Sie haben Nerven!«, entrüstet sich Heinz. »Ich liege hier halbtot, und Sie wollen musizieren ...«

»Keine Bange, Sebastian«, beruhigt der Vereinsarzt den erkrankten Jungprofi nach der Untersuchung. »Erst einmal werden wir deinen Krankheitserreger abtöten.«
»Das geht auf keinen Fall, Herr Doktor! Wir wollen doch nächste Woche heiraten!«

»Also, Herr Basler, Sie sind ja schon wieder betrunken, habe ich Ihnen nicht geraten, nur eine Flasche Bier pro Tag?«, mahnt der Arzt.
Basler: »Ja, glauben Sie eigentlich, Sie sind der einzige Arzt, zu dem ich gehe!«

Nachdem alle Fitnesstests erfolgreich abgeschlossen sind, verabschiedet sich der Vereinsarzt vom Neuzugang, einem renommierten Mittelfeldspieler: »Ihrer Karriere in unserem Verein steht nichts mehr im Wege. Eine Frage habe ich allerdings noch: Vorhin bei der Urinprobe – na, Sie wissen schon. Brennt es etwa beim Wasserlassen?«
Darauf der Fußballer: »Keine Ahnung! Angezündet hab' ich es noch nicht ...«

Auf der Weihnachtsfeier des Bundesligisten flirtet der heißblütige brasilianische Ballartist Diego ganz ungeniert mit einer adretten Dame am Salatbuffet. Nach einer Weile kommt sie auf ihn zu und sagt: »Wenn ich Sie so lächeln sehe, denke ich, wir sollten uns dringend einmal verabreden.«
»Sie sind aber ganz schön direkt!«, bemerkt Diego.
»Einerseits direkt, andererseits bin ich Zahnärztin.«

Sagt der Arzt zu Rudi, dem hochdotierten Bundesligaspieler: »Sie haben vor einer Woche ein Zwei-Euro-Stück verschluckt, und Sie kommen erst jetzt zu mir?«
Meint Rudi trocken: »Naja, so nötig habe ich das Geld nun auch wieder nicht!«

Zwei Fußballer rivalisierender Stadtvereine sitzen nervös im Wartezimmer der Entbindungsstation eines Krankenhauses. Endlich kommt eine Schwester und geht auf einen von ihnen zu. »Ich gratuliere Ihnen, Sie haben einen Sohn bekommen!«
Darauf steht der andere entrüstet auf und zetert: »So geht das nicht! Ich war vor dem hier!!«

Vorstopper Olaf, der bereits seit mehreren Wochen an einer Angina laboriert, zum Arzt: »Herr Doktor, die Pillen, die Sie mir verschrieben haben, haben doch bestimmt schlimme Nebenwirkungen!«
Erwidert der Arzt: »In gewisser Weise schon. Sie können in zwei Tagen wieder mit dem Training beginnen!«

Der russische Abwehrrecke Karel muss geimpft werden. Die Arzthelferin hat alle Hände voll damit zu tun, ihn zu beruhigen, weil er sich strikt weigert, mit der Nadel gepiekst zu werden. Schließlich gibt Karel doch noch nach.
Der Arzt fragt anschließend: »Wissen Sie eigentlich, wogegen wir Sie geimpft haben?«
Karel: »Klare Sache! Gegen meinen Willen!«

Spieler zum Mannschaftsarzt: »Ich kann heute nicht spielen. Ich hab schon wieder einen Holzsplitter im Finger.«
Antwortet der Arzt: »Ich habe dir doch schon tausendmal gesagt, du sollst dich nicht immer am Kopf kratzen.«

Klaus-Dieter, der von seinen
Mannschaftskollegen als ehrliche Haut
sehr geschätzt wird, fühlt sich schlecht
und ruft den Arzt an.
»Herr Doktor, würden Sie bitte
bei mir vorbeikommen?
Ich glaub, ich hab Fieber?«
»Ist es sehr hoch?«, will der Arzt wissen.
»Ach was, ich wohn parterre!«

Der brasilianische Stürmerstar kommt mit seinem vom Verein gestellten Dolmetscher zum Arzt. Im perfektesten Deutsch beginnt er: »Guten Tag, Herr Doktor. Ich glaube, ich habe mir eine kleine Grippe eingefangen, ist aber bestimmt nichts Ernstes.« Der Dolmetscher, völlig baff, beginnt zu stammeln und zu stottern: »A..., a..., aber, aber da..., da... das ist doch – das ist doch völlig ausgeschlossen.« Darauf der Arzt: »Mein Herr, ich weiß zwar nicht, was Sie hier suchen, aber für die Diagnose bin immer noch ich zuständig.«

»So, Herr Otto«, sagt der Ohrenarzt nach der Untersuchung zum Fußballprofi, »das geht schon wieder vorbei, aber das nächste Mal lassen Sie sich vom Schiedsrichter nicht mehr so anpfeifen. Diagnose und Rezept, das macht dann zusammen 500 Euro.«
»Bitte schön, Herr Doktor, ich höre immer noch nicht so gut. Sagten Sie 800 Euro?«
»Nicht doch – 900 Euro!«

Kommt der Fußballprofi zum Arzt.
»Wenn Sie schnell wieder fit werden wollen, müssen Sie aufhören zu rauchen!«
Darauf der Fußballer:
»Das hätten Sie mir auch früher sagen können. Jetzt ist es zu spät.«
»Zum Aufhören ist es nie zu spät!«, mahnt der Arzt.
»Na, dann hat es ja noch Zeit ...«

Kommt ein Spieler von Borussia Dortmund zum Arzt:
»Herr Doktor, mir ist ein Schalke-Spieler voll von hinten in die Beine gegrätscht.«
Darauf der Arzt:
»Ja, ja, das machen die.«

Kapitel 5

Ich sach ma':
Fußballer und Medien

Ruft ein Zuschauer beim Fernsehen an:
»Ihr Reporter sagt,
die Wolfsburger spielten mit Hengen
und Würgen die erste Halbzeit herunter.
Hengen habe ich ja spielen sehen,
aber wo war Würgen?«

»Aus welchem Grund bist du
eigentlich Fußballjournalist geworden?«,
fragt ein Reporter einen Kollegen.
»Weil das genau der Beruf ist,
um geistig fit zu bleiben«, erklärt der.
»Ich kann freitags analysieren,
welche Mannschaft am Samstag
gewinnen wird, um sonntags zu
erläutern, warum sie verloren hat!«

Der Fernsehreporter bei einer Umfrage unter Fußballspielern: »Was empfinden Sie eigentlich, wenn Ihre Mannschaft gewinnt?«
Antwortet der Torwart: »Das kann ich nicht sagen. Ich bin erst in der dritten Saison dabei ...«

Der Fußballtrainer zum Rundfunkreporter: »Können Sie nicht etwas langsamer reden? Meine Jungs können nicht so schnell rennen, wie Sie sprechen!«

Ein junger Sportredakteur macht sein erstes Interview, und dann gleich beim allmächtigen Manager eines großen Fußballvereins. Als er in dessen Büro gebeten wird, geht er ganz aufgeregt auf ihn zu und sagt: »Ich habe schon so viel von Ihnen gehört!«
Darauf der Manager: »Aber beweisen können Sie mir nichts!«

»Schade, es gibt im Augenblick
so wenig Fußball im Fernsehen ...«
»Nun ja, bei diesem schönen
Wetter spielen die ja auch lieber draußen.«

»Das größte Kapital meines Teams
ist sein Kampfgeist«, erklärt der
Trainer dem Reporter.
»Interessant. Und warum setzt
es dieses Kapital dann nie ein?«

»Und Ihr Spezialgebiet ist Fußball?«,
fragt der Quizmaster.
»Ja«, antwortet der Kandidat.
»Prima, dann kommen wir zur
ersten Frage. Wie viele Maschen
hat ein Tornetz?«

Reporter zum Trainer: »Sie haben in dieser Saison
noch kein Spiel verloren. Woran liegt das?«
»Keine Ahnung. Wo ich doch vor jedem Spiel mit
dem Schiedsrichter um 3.000 Euro wette, dass wir
diesmal verlieren werden ...«

DFB-Präsident Mayer-Vorfelder
kommt aus der Toilette, seine Hose
auf einer Seite ganz nass.
»Was ist denn mit Ihnen passiert?«,
fragt ihn ein Journalist.
»Ach«, antwortet der Präsident mürrisch,
»der Typ neben mir drehte sich
plötzlich zu mir 'rüber und fragte:
›Hey, sind Sie nicht der Mayer-Vorfelder?‹«

Fragt der Reporter die Tochter des Kickers, der
soeben zum »Spieler des Jahres« gewählt wurde:
»Na, was sagst du denn zu deinem Papa,
wo er jetzt so erfolgreich ist?«
»Ich sage weiterhin Papa zu ihm.«

Ein Reporter wird von einem Ordner vehement daran gehindert, das völlig überfüllte Stadion zu betreten.
»Lassen Sie mich rein«, protestiert der Reporter, »ich muss eine Story über das Derby schreiben!«
»Da kann ja jeder kommen«, weist der Ordner ihn erneut zurecht. »Wie es ausgeht, können Sie morgen in der Zeitung lesen!«

Reporter zum Vereinspräsidenten: »Stimmt es, dass Ihr Klub einen neuen Schatzmeister sucht?« Seufzt der Präsident: »Ja, stimmt. Und leider suchen wir den alten auch!«

Talkshow im Sportfernsehen.
Fragt ein Torwart den Mittelstürmer
des Lokalrivalen:
»Liebst du die Natur?«
»Na klar.«
»Das wundert mich aber.
Nach all dem, was sie dir angetan hat ...«

Verkündet der Star der Mannschaft auf der lokalen Pressekonferenz: »Ganz klar, dass ich mich für die bedrohte Tierwelt engagiere. Ab sofort verzichte ich auf das Tragen von Pudelmützen.«

Frage des Reporters an die Spielerfrau:
»Stimmt es, dass Ihr Mann vom Training suspendiert wurde?«
»Ausgeschlossen!«
»Und wo ist da der Unterschied?«

Trotz einer glücklosen Partie und einer Reihe vergebener Torchancen stellt sich der Mittelstürmer nach dem Abpfiff den Fragen des Radioreporters.
Nach dem Interview noch ein guter Ratschlag des Reporters: »Herr Schwarzmann, Sie sollten unbedingt einmal die Memoiren Casanovas lesen.«
Stürmer Schwarzmann mit fragendem Gesichtsausdruck: »Wieso das denn?«
Reporter: »Na, da steht ganz genau drin, wie man seine Chancen nutzt.«

Der Reporter interviewt den Bundesligaprofi
nach dem Training: »Wissen Sie, wie viele
Leute hier auf dem Trainingsplatz rumlaufen?«
»Mit dem Trainer 31.«
»Aha, ohne den Trainer also 30.«
»Nein«, verbessert ihn der Spieler, »ohne den
Trainer läuft hier niemand!«

Pressekonferenz der Nationalmannschaft am Tag vor dem Länderspiel. Fragt ein Reporter den Bundestrainer: »Es gab da gewisse Streitigkeiten zwischen zwei Spielern wegen der Rückennummern. Hat das was mit Aberglauben zu tun?«
Antwortet der Trainer: »In gewisser Weise schon, aber Sie sollten das Ganze nicht so ernst nehmen. Es ist nur so, dass der Hans und der Wolfgang ... Also die Fünf begleitet beide Spieler schon seit der Schulzeit.«

Der beste Mann vom »Sportblick« wird zum Manager des börsennotierten Bundesligisten geschickt, um ein Interview zu führen.
»Herr Maier, wie erklären Sie es den Anhängern Ihres Vereins und vor allem Ihren Aktionären, dass Sie Jahr für Jahr Ihre Scouts für teures Geld in alle Teile der Welt schicken und der Erfolg ist gleich null!«
Rechtfertigt sich der Manager: »Was Sie uns da vorwerfen, trifft in keiner Weise zu. Diese Saison ist es uns beispielsweise gelungen, den nigerianischen Topstürmer Baba Zong zu verpflichten.«
Darauf der Reporter: »Genau das ist ja die Null!«

Im Verein geht es drunter und drüber.
Der Trainer wird von der Presse um eine Stellungnahme gebeten. »Herr Michel, es sieht ja nicht gerade rosig aus. Paulsen ist gesperrt, Meier, Huber und Kurz sind gesperrt, Ihr Ersatztorhüter Müller macht Zoff in der Öffentlichkeit, und Sie stehen inzwischen auf dem vorletzten Tabellenplatz. Was wird die nächste Woche noch alles bringen?«
Der Trainer in aller Seelenruhe:
»Montag, Dienstag, Mittwoch ...«

Ein Schalke-Spieler wird nach einem gewonnenen Auswärtsspiel von einem Reporter gefragt: »Das muss ja ein wahrer Freudentag für Sie sein. Eingewechselt, großartig gespielt und dann auch noch das entscheidende Tor erzielt. Wollen Sie nicht am liebsten den Ball mit nach Hause nehmen?«
Der Spieler antwortet trocken: »Kommt gar nicht in Frage. Der ist ja gelb.«

Starporträt des italienischen Fußballstars
fürs Jugendmagazin.
»Herr Totti, noch eine abschließende Frage:
Was werden Sie nach dem Ende Ihrer
aktiven Karriere als Fußballer tun? Werden
Sie vielleicht Jugendtrainer?«
Ganz gelassen die Antwort: »Da mache ich
mir überhaupt keine Gedanken. Ich habe
schon ein attraktives Angebot vom italienischen
Fernsehen. Die suchen noch gute Schauspieler.«

Nach einer schweren Verletzung des Linksaußen in einem Freundschaftsspiel wird dessen Teamkollege und gleichzeitig bester Freund von einem neugierigen Boulevardjournalisten befragt:
»Das mit Ihrem Freund Wolfgang ist ja eine schlimme Sache. Haben Sie schon irgendwelche Meldungen aus dem Krankenhaus bekommen, wie es ihm geht?«
»Na ja, etwas Genaues kann man noch nicht sagen«, antwortet der Spezi des Verletzten und wendet sich dann direkt zur Kamera. »Und Wolfi, falls du mir jetzt vom Krankenbett aus zuschaust. Mach dir keine Sorgen wegen deiner Frau. Ich werde mich die ganze Nacht um sie kümmern.«

Der Fernsehjournalist interviewt nach der fünften Niederlage in Folge den Trainer des Tabellenvorletzten. Reporter: »Jetzt wird es aber ganz schön eng für Sie da unten im Keller?«
Der Trainer ganz entrüstet: »Ihr vom Fernsehen! Letztens, Ihr Kollege, der Herr, der Herr ... ach, wissen Sie, das wird doch alles von euch hochsterilisiert.«
Antwort des Reporters: »Na, Sie sind aber auch ganz schön abgebrüht!«

Interessiert fragt ein Spieler den Pressefotografen vor dem Mannschaftsfoto: »Sagen Sie mal, was für eine Kamera haben Sie denn da?«
»Kleinbild«, erklärt der Fotograf.
Wundert sich der Spieler: »Ja passen wir denn da auch alle drauf?«

Gerhard, der wortgewandte Reporter, bemerkt bei einem Interview, dass der interviewte Spieler nicht so recht mitzieht, und fragt daher: »Warum sind Sie denn heute so wortkarg, Herr Franz? Bereiten Ihnen meine Fragen etwa Schwierigkeiten?«
»Die Fragen nicht. Es sind schon eher die Antworten.«

Der Reporter der Lokalzeitung fragt den beinharten Innenverteidiger, der soeben wegen eines üblen Foulspiels vom Platz geflogen ist: »Sagen Sie mal, wo haben Sie denn das Fußballspielen gelernt?«
»Am Nordpol, wo sonst!«
»Am Nordpol?«, fragt der Reporter etwas verdutzt. »Haben die überhaupt eine Fußballmannschaft?«
»Jetzt nicht mehr.«

Der Sportjournalist der FAZ wird von seinem Chefredakteur zur Rede gestellt: »Wissen Sie nicht, für welche Zeitung Sie schreiben? In Ihrem Artikel über das gestrige Länderspiel schreiben Sie ›phantastisch‹ mit f!«
»Ach wissen Sie«, entgegnet der, »auf der alten Schreibmaschine, die Sie mir ins Büro gestellt haben, ist das v defekt.«

Nachdem der Fußballprofi sein Spanienabenteuer bei Real Madrid beendet hat, wird er bei seiner Rückkehr von einem Reporter befragt: »Hatten Sie eigentlich keine Probleme mit der fremden Sprache?« – »Ich nicht, die Spanier schon.«

Der Reporter von der Fachpresse beobachtet eine Stunde lang das Training des Regionalligisten. Im Anschluss führt er ein Interview mit dem Trainer. »Trainieren Sie Ihre Mannschaft eigentlich immer ganz allein, oder haben Sie einen Assistenztrainer?« Der Trainer antwortet ganz stolz: »Nein, nein, fürs Training bin ausschließlich ich zuständig.« »Seltsam«, wundert sich der Experte, »dass ein Einziger alleine so viele Fehler machen kann!«

Ein Filmteam wird für eine Reportage über Toni Polster losgeschickt, um dessen Tagesablauf zu dokumentieren. Am Ende des Tages kommen sie mit einem Bild wieder. Der Chef des Senders ist außer sich: »Seid ihr taub? Ich habe doch ausdrücklich einen Film verlangt!«
»Das ging nicht«, ist die Antwort. »Der Mann hat sich während des ganzen Tages nicht ein einziges Mal bewegt!«

Fernsehübertragung des Länderspiels, aus dem Fernseher tönt die Stimme des Kommentators: »Und Klose kämpft auch noch in der Nachspielzeit unermüdlich da vorne im Sturm ...«
Fragt Erna ihren Berti: »Sag mal, was redet denn der für einen Blödsinn? Die haben doch das schönste Wetter.«

Fragt der Reporter den Auswechselspieler: »Herr Kurz, können Sie mir verraten, in welchem Schuhgeschäft Sie Ihre Schuhe kaufen? Das muss ja ein ganz besonderer Laden sein.« Der Spieler schaut ungläubig drein und sagt: »Ich glaube, ich verstehe die Frage nicht ganz.« Sagt der Reporter: »Na, Ihr Trainer hat mir eben im Vertrauen gesagt, dass Sie zwei linke Füße hätten.«

Nach einem 0:5-Rückstand zur Pause wird der Trainer vor dem Anpfiff zur zweiten Halbzeit von einem Fernsehreporter interviewt: »Wie wird es aus Ihrer Sicht in Halbzeit zwei weitergehen?«
»Na, ja«, antwortet der Befragte, »hoch werden wir wohl nicht mehr gewinnen.«

»Sagen Sie mal, Herr Müller, lassen Sie sich das denn so einfach gefallen?«, fragt der Zeitungsjournalist den suspendierten Abwehrspieler.
»Ihr Trainer hat Sie ja auf der heutigen Pressekonferenz in aller Öffentlichkeit zur Schnecke gemacht.«
»Da können die machen, was sie wollen«, antwortet der Kicker. Schneller werde ich davon auch nicht!«

Ein Bundesligaprofi wird nach seinen Zukunftsplänen gefragt: »Herr Fichte, Sie sind ja jetzt auch schon im zarten Alter von 38 Jahren. Vielleicht noch ein, zwei Jahre als Profi, aber was kommt danach? Werden Sie dem Sport erhalten bleiben, vielleicht als Schiedsrichter?«
Antwortet der Spieler ganz keck: »Also Schiedsrichter kommt für mich nicht in Frage, ich denke da schon eher an etwas, das mit Fußball zu tun hat.«

Dem Reporter wird es zu dumm,
beim Interview mit dem Profikicker immer nur
dieselben Standardantworten zu erhalten.
»Sagen Sie mal, haben Sie denn überhaupt keine
eigene Meinung?«, fragt er wütend. Darauf der
Spieler: »Da muss ich erst meinen Trainer fragen!«

Nach einer kleinen Meinungsverschiedenheit mit dem Schiedsrichter erhält ein Spieler die rote Karte. In der Sportsendung am Abend wird er zu den Vorfällen auf dem Platz befragt: »Stimmt es, dass Sie den Schiedsrichter als blinden Hund bezeichnet haben?« »Was? Wie? Ich? Moment mal. Ich ruf mal eben meinen Anwalt an und frag, ob ich das sagen darf.«

Der Verteidiger mit dem Adoniskörper
wird in einer Sportsendung
nach seinem Geheimrezept gefragt.
»Können Sie unseren Zuschauern vielleicht
einmal verraten, wie man so eine Figur
bekommt?«, fragt der Moderator.
Die wortkarge Antwort:
»Ich sach ma: Bodybuilding!«
Darauf der Moderator, der das Gespräch
etwas ankurbeln will:
»Und können Sie uns vielleicht
noch erzählen, wie Sie zum
Bodybuilding gekommen sind?«
»Immer mit dem Fahrrad!«

Auf der Pressekonferenz nach dem gewonnenen Meisterschaftstitel am letzten Spieltag bestürmen die Journalisten den Jungstar der Mannschaft.
Fragt der erste:
»Wie fühlen Sie sich nach diesem großartigen Erfolg?«
Der zweite ruft gleich dazwischen:
»Greifen Sie jetzt auch noch einmal voll an im Pokalfinale?«
Da ergreift der Spieler das Wort:
»Wie war noch gleich die zweite Frage? Das ist nicht so einfach, ich bin schließlich Fußballer.«

Der international renommierte russische Erfolgstrainer wechselt zu einem Bundesligaclub und empfängt die Vertreter der Presse mit folgenden Worten:
»Meine sehr verehrten Damen und Herren von der Presse, was meine Trainingsmethoden betrifft – ich habe ja nichts dagegen, dass es geteilte Meinungen gibt, aber wir wollen es doch so halten, dass ich eine Meinung habe und Sie diese teilen.«

Zwei Spieler des FC Bayern stehen während einer Trainingspause etwas abseits und unterhalten sich angeregt. Ein spanischer Journalist, der das Training schon die ganze Zeit beobachtet hat, will die Chance nutzen und geht schnurstracks auf die beiden zu: »Entschuldigen Sie bitte, ich komme von der spanischen Sportzeitung As und würde Sie gern um ein Interview bitten.«

Die Bayernspieler unterhalten sich weiter miteinander und zeigen sonst keine weitere Reaktion. Darauf versucht es der Spanier erneut, diesmal auf Englisch.

»Excuse me, ...«

Wieder keine Reaktion der Bayernprofis.

Nachdem der Spanier sein Glück in fünf Sprachen versucht hat, schleicht er sich beleidigt davon.

Sagt ein Bayer zum anderen:

»Die spanischen Reporter, alle Achtung! Fünf Sprachen spricht der Mann.«

»Schon«, erwidert der andere, »aber genützt hat es ihm auch nichts.«

Nach einem hart umkämpften 7:6 in letzter Minute gratuliert der Vertreter der Lokalpresse dem Trainer der Amateurmannschaft: »Ich gratuliere Ihnen zu dieser tollen Truppe. Sechs Mal sind sie zurückgeworfen worden, und immer wieder sind Ihre Männer nach vorn gestürmt.«
Darauf der Trainer: »Kein Wunder – meine Jungs sind allesamt Handelsvertreter!«

Ein Reporter fragt den Vereinstrainer im Getümmel nach dem Lokalderby: »Herr Pappel, was sagten Sie doch neulich in Ihrer Ansprache über die neuen Trainingsmethoden und den neuen Wind, der ab sofort in Ihrem Verein wehen würde?«
Ganz erschrocken der Trainer: »Ich? Nichts!«
Darauf der Reporter: »Natürlich, ich wollte nur wissen, wie Sie es formuliert haben.«

Der Sportchef der Lokalpresse fragt nach einem Interview mit einem amerikanischen Spieler der Bundesliga seine Sekretärin: »Sagen Sie mal, was heißt eigentlich: ›I don't know‹?«
Sekretärin: »Ich weiß nicht!«
Chef: »Dann muss ich wohl jemand anders fragen.«

Kapitel 6

Trainer – die Plagegeister

Der Fußballer hat miserabel gespielt, schiebt
aber die ganze Schuld auf den Schiedsrichter.
In der Kabine brummelt er zum Trainer:
»Dem Kerl trete ich in den Hintern!«
»Lass mal gut sein«, erwidert der,
»heute triffst du sowieso nicht!«

Ziemlich sauer ruft der Trainer seinen südamerikanischen Superstar zu sich: »So geht das nicht weiter! Letzten Monat wolltest du Sonderurlaub für die Beerdigung deines Großonkels, vor zwei Wochen starb deine Tante und jetzt die Großmutter. Um dich überhaupt noch in der Mannschaft zu sehen, schlage ich Folgendes vor: Du nimmst jetzt drei Wochen Urlaub und bringst erst einmal den Rest deiner Verwandtschaft unter die Erde!«

Ein Neuer in der Mannschaft. Vor seinem ersten Spiel sagt er in der Kabine zum Trainer: »Ich bin total nervös! Das wird heute sicher nichts mit mir ...« Nach der Partie geht der Trainer auf ihn zu, gibt ihm die Hand und sagt: »Du bist in Ordnung, Junge! Du hältst wenigstens Wort!«

In der Halbzeitpause fragt der Trainer entsetzt seinen Mittelstürmer: »Warum hast du denn das Eigentor geschossen?«
»Na ja, die Tore sehen sich aber auch wirklich so verdammt ähnlich!«

»Du bist einfach zu langsam«, sagt der Trainer zu seinem Stürmer. »Geht denn gar nichts schnell bei dir?«
»Doch, ich werde schnell müde.«

Sagt der Trainer zum Schiedsrichter: »Meine Spieler sind jetzt fairer als früher. Nach dem Spiel besuchen sie die Gegner im Krankenhaus.«

»Du wärst wirklich ein guter Spieler«,
sagt der Trainer zu seinem Linksaußen,
»wenn dir nicht ununterbrochen
zwei Dinge im Weg wären.«
»Und welche sind das?«
»Deine beiden Beine!«

Trainer zum Spieler:
»Sie sind gekauft! Mit Ihrem athletischen Körperbau sind Sie genau der Richtige für unseren Verein.«
»Aber Sie haben mich doch noch gar nicht spielen gesehen!«
»Egal. Hauptsache, die Werbefläche ist groß genug!«

Manager zum Trainer:
»Wie war denn der neue Spieler
beim Probetraining?«
»Dem gelang ein Sonntagsschuss
nach dem anderen.«
»Und warum haben wir ihn dann
nicht verpflichtet?«
»Wir spielen doch immer nur samstags!«

»Morgen früh um sieben sehen wir uns beim Trainingsgelände zum Waldlauf«, knurrt der Trainer nach der verlorenen Partie.
»Ist in Ordnung«, sagt der stets müde Mittelstürmer. »Sollte ich verschlafen, könnt ihr ruhig schon ohne mich anfangen.«

»Jetzt mach endlich!«, treibt der Trainer seinen lethargischen Spieler kurz vor dem Anpfiff an.
»Hast du bald deine Schuhe an?!?«
»Ja, alle bis auf einen!«

Am Stammtisch: »... sag mal, versteht euer neuer Trainer denn überhaupt etwas vom Fußball?«
»Aber hallo! Vor dem Spiel erklärt er uns haarklein, wie wir gewinnen können, und nach dem Spiel sagt er uns ganz genau, warum wir verloren haben!«

Sagt der Trainer zum Manager: »Der Neue, den ich holen will, ist ein echter Vulkan. Von den vergangenen drei Jahren war er zweieinhalb wegen Tätlichkeiten gesperrt.«

Mannschaftsbesprechung nach der
verlorenen Partie.
»Was hab' ich euch nicht alles gesagt«,
stöhnt der Trainer. »Ihr sollt
konsequent über die Flügel angreifen,
hinten die Viererreihe zusammenhalten
und den Ball in den eigenen Reihen halten!«
Stimme aus der zweiten Reihe:
»Wenn wir das könnten, würden wir
längst in einem besseren Verein spielen!«

Dialog auf dem Arbeitsamt.
»Wie viele Jobs hatten Sie denn
im vergangenen Jahr?«
»Vier!«
»Aha, wohl Saisonarbeiter?«
»Nein, ich bin Fußballtrainer!«

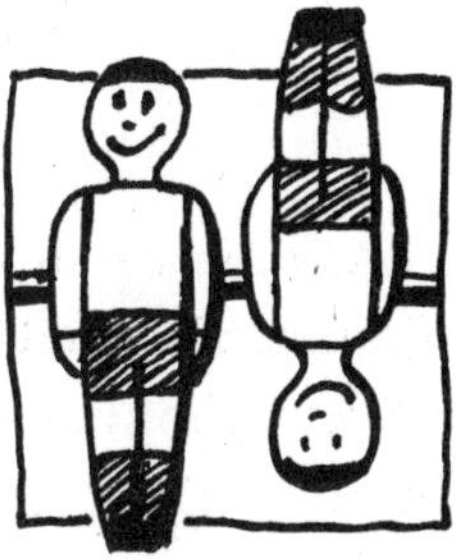

Probleme eines Trainers:
»Ich weiß nicht, was ich tun soll: Wenn ich bei meinem jetzigen Verein bleibe und der steigt ab, dann schadet das meinem Ruf. Gehe ich aber und der Verein steigt dann sogar noch auf – dann ist mein Image erst recht im Eimer ...«

Wie kriegt ein Trainer seine Spieler dazu, auch abends zu Hause Sit-ups zu machen?
Er befiehlt ihnen, die Fernbedienung des Fernsehers an einem Fuß zu befestigen.

»Leute«, motiviert der Trainer seine Spieler, »wenn euer Gegner etwas taugen würde, würde er nicht mit uns in der untersten Kreisklasse spielen ...«

Der Trainer zu seinem Innenverteidiger:
»Du deckst den gegnerischen
Mittelstürmer so eng, wie du nur kannst!«
»Den?!? Muss das denn sein?
Der tritt doch auf alles, was sich bewegt!«
»Na, dann besteht für dich ja keine Gefahr.«

Unterhalten sich zwei Fußballtrainer.
»Was sagt du zu unserem Mittelstürmer?«
»Klasse Mann, echt! Wie ich sehe,
hat er ein hervorragendes Ballgefühl.
Er kann alles mit dem Ball: ihn aufpumpen,
einfetten, abwaschen. Nur ins Tor trifft
und trifft er nicht!«

Der Sohn des Trainers kommt freudestrahlend von der Schule nach Hause.
»Stell dir vor, Papa: Mein Vertrag mit der Schule wurde um ein weiteres Jahr verlängert!«

Assistenztrainer beim Arzt: »Herr Doktor, niemand beachtet mich so richtig!«
Arzt: »Der Nächste, bitte!«

Im Trainingsraum legt der Trainer das Video vom letzten Punktspiel ein und meint missmutig: »Also Leute, bei diesem Spiel hier werdet ihr sehen, dass ihr eigentlich nichts seht. Und warum ihr nichts seht, das seht ihr jetzt gleich.«

Wutentbrannt stürmt der Trainer aus dem Büro des Präsidenten: »Wenn der Typ nicht zurücknimmt, was er soeben zu mir gesagt hat, dann bin ich die längste Zeit hier Trainer gewesen!«
»Was hat er denn gesagt?«, fragt sein Assistenztrainer.
»Dass ich die längste Zeit hier Trainer gewesen bin.«

Fragt der Trainer seine Mannschaft:
»Wofür steht das Wort ›Team‹?«
Meint der lauffaule Mittelstürmer:
»Toll! Ein anderer macht's!«

Der Fußballtrainer fragt seine Mannschaft:
»Welche Muskeln treten in Kraft, wenn ich ein Tor schieße?«
Darauf der Mannschaftskapitän:
»Unsere Lachmuskeln!«

Nach dem 0:5 stellt der Trainer seinen hoch bezahlten Stürmer zur Rede:
»Wann kriege ich denn mal wieder was Ordentliches von dir zu sehen?«
»Heute im Werbefernsehen – da stelle ich ein neues Duschgel vor!«

Nach dem verlorenen Spiel herrscht in der Kabine helle Aufregung. Kommt der Trainer hereingestürmt und faucht den Mittelstürmer an:
»Hast du zum Manager gesagt, ich sei ein Idiot?«
»Nein, das wusste er bereits!«

Der Trainer schnauzt seinen neuen Links-
außen an: »Wenn du eine Mücke verschluckst,
dann hast du mehr Hirn im Bauch als im Kopf!«

Beruhigt der Trainer den Torwart
vor dem Elfmeterschießen: »Bleib ganz
cool! Du kennst doch den Trick von
diesem Vorstopper. Der jagt das Leder
immer nur entweder in die rechte
oder in die linke Torecke.«

Der Trainer ist begeistert:
»Wirklich ein Profi, wie er seine Kenntnisse aus
dem Studium im Spiel umsetzt.«
»Aha, und wann ist er mit seinem Sportstudium
fertig?«, fragt daraufhin der Co-Trainer.
»Wieso Sport? Schauspiel!«

»Manfred ist mein bester Stürmer. Er legt
im Training super Sprintzeiten hin.«
»Wieso ist er dann heute nicht dabei?«, fragt
der Trainerassistent.
»Leider verschläft er jedes Spiel.«

Der Trainer eines abstiegsgefährdeten Bundesligaklubs fragt den äußerst erfolgreichen Kollegen vom deutschen Meister nach dessen Geheimrezept.
Der antwortet: »Ganz einfach! Du brauchst auf alle Fälle einen intelligenten Mittelfeldregisseur. Pass mal auf!«
Er winkt seinen Spielmacher zu sich: »Johann, komm mal her. Wer ist der Neffe vom Bruder deines Vaters?«
Der Spieler antwortet sofort: »Na, ich natürlich, Trainer.«
Der andere Coach ist beeindruckt und ruft, als er wieder bei seinem Verein ist, sofort die Mannschaft zusammen.
»Passt mal auf, Leute. Wir machen jetzt ein Quiz. Lothar, wer ist der Neffe vom Bruder deines Vaters?«
Lothar stottert: »Äh, ich glaub', ich habe was in meinem Auto vergessen ...«
Spricht's und verschwindet.
Der Trainer schüttelt ärgerlich den Kopf und fragt den nächsten: »Stefan, also, wer ist der Neffe vom Bruder deines Vaters?«
Der Spieler hebt abwehrend die Hände und sagt: »Ohne meinen Anwalt sag ich gar nix!«, dreht sich um und geht.

Der Trainer seufzt und wendet sich seinem Torwart zu: »Na gut, Alex. Ich bin sicher: Du weißt es!«
»Na logo, Chef! Der Neffe vom Bruder meines Vaters bin ich.«
Da platzt dem Trainer der Kragen, und er brüllt: »Wisst Ihr Banausen denn gar nichts?!? Der Neffe vom Bruder eures Vaters ist der Spielmacher vom deutschen Meister!«

Auf einem Empfang des Vereins spricht eine attraktive Dame den neuen Trainer an: »Sie sind also der Neue! Da hab' ich Sie mir aber ganz anders vorgestellt ...«
»Ach?«, entgegnet der geschmeichelt. »Etwa alt, hässlich und fett?«
»Nein, im Gegenteil ...«

Der Trainer sieht, wie einer seiner Spieler aus einer Pfütze trinkt. Er ruft ihm zu:
»Hey, lass das, Mann! Da sind doch Bazillen drin.«
Darauf antwortet der Spieler:
»Keine Panik, die sind alle tot! Ich bin vorher extra drei Mal mit dem Auto durchgefahren!«

»Paul, hör endlich auf mit deiner ewigen Fragerei! Der Trainer ärgert sich doch nur über deine dämlichen Fragen!«
»Quatsch, er ärgert sich nicht über meine Fragen, sondern weil ihm keine Antworten einfallen!«

Der junge Assistent schleicht aus dem Büro des berühmten Cheftrainers und brummt vor sich hin. »Er nennt es ›Aufgaben delegieren‹. Ich nenne es: ›Sich vor der Arbeit drücken‹!«

Der neue Trainer des abstiegsgefährdeten Bundesligisten tritt sein Amt an. Seine erste Ansprache: »Wir müssen bei null beginnen. Also, das da ist der Ball.« Er legt den Ball auf die Seite, da fragt der Mannschaftskapitän: »Trainer, kann ich den nochmal sehen?«

Dass es den Fußballvereinen finanziell schlecht geht, sieht man daran, dass sich Klaus Toppmöller und Rudi Völler eine gemeinsame Frisur teilen müssen.

»Wissen Sie, warum Trainer so ungern
mit dem Zug fahren?«
»Nein.«
»Weil die Stationsvorsteher immer rufen:
›Bitte zurücktreten!‹«

Der neue Trainer stellt sich vor: »Also, Leute, vergesst alles, was ihr über mich gehört und gelesen habt. In Wirklichkeit bin ich ein absolut netter Typ. Nur im Dienst – da bin ich ein total brutaler Hund. Und für euch bin ich immer im Dienst.«

Die Mannschaft tritt an zum Morgentraining. Der Trainer brüllt: »Durchzählen!« Die Männer beginnen: »... 7 ... 8 ... 9 ... 10 ... Bube ... Dame ... König ...«

Der Trainer hat Geburtstag und erzählt
seinen Spielern einen Witz. Alle lachen,
nur der Ersatztorwart nicht.
Fragt der Chef: »Warum lachen Sie nicht, Meier?«
Erwidert der: »Habe ich nicht mehr nötig.
Ich wechsle in der Winterpause den Verein!«

Der Trainer zum Nachwuchsspieler:
»Warum habe ich dich jetzt wohl einen kleinen Idioten genannt?«
»Vielleicht, weil ich noch nicht so groß bin wie Sie, Trainer?!«

»Ich hör' wohl nicht richtig?!«, schimpft der Trainer. »Sie wollen diesen Monat zum fünften Mal einen Urlaubstag haben, weil Ihre Mutter erkrankt ist?«
»Ja, Chef«, sagt der Linksaußen achselzuckend. »Allerdings ist mir auch schon der Gedanke gekommen, dass die alte Dame vielleicht simuliert!«

Treffen sich zwei Bundesligaprofis.
Erzählt der eine:
»In unserer Mannschaft haben wir jetzt die Vier-Tage-Woche eingeführt!«
»Ehrlich? Ihr müsst aber einen großzügigen Trainer haben.«
»Großzügig? Dem haben wir doch noch gar nichts davon gesagt!«

Fragt ein bekannter Fußballtrainer einen Passanten auf der Straße: »Ich habe Brieftasche und Handy im anderen Sakko vergessen. Können Sie mir bitte 20 Cent leihen? Ich will einen Freund anrufen.«
Antwortet der Passant: »Aber gern! Ich kenn' Sie doch! Sie sind doch der berühmte Trainer! Wissen Sie was: Ich gebe Ihnen 40 Cent, dann können Sie alle Ihre Freunde anrufen.«

Der Trainer ist beim Training spektakulär verunglückt und wird nun auf dem schnellsten Weg ins Krankenhaus verfrachtet. Sagt ein Spieler besorgt zu seinem Kollegen: »Hoffentlich hat er sich nicht das Rückgrat gebrochen.«
»Unmöglich«, antwortet der, »der hat ja noch nie eines besessen!«

Der Trainer regt sich ganz furchtbar über seinen Mittelfeldregisseur auf:
»Kannst du einmal nicht mit einer Gegenfrage antworten, wenn ich Anweisungen gebe?«
»Tu ich das denn?«

Der Torwart hat einen spielentscheidenden Fehler gemacht und ist am Boden zerstört. Tröstet ihn der Trainer: »Weißt du, Armin, ich mache auch mal Fehler. Und dann bin ich klug genug, darüber auch zu lachen.«
Darauf Armin: »Tja, Trainer, dann müssen Sie ja ein recht lustiges Leben haben ...!«

Verteidiger Thorsten wird vom Trainer
angesprochen: »Hören Sie, Thorsten, ich
habe eine gute und eine schlechte Nachricht
für Sie. Zuerst die gute: Sie sind überaus
beliebt in der Mannschaft, und alle
Kollegen finden Sie schrecklich nett,
nur ein Einziger kann Sie nicht leiden.«
Thorsten freut sich wie ein Schneekönig:
»Und die schlechte Nachricht, Chef?«
»Dieser eine bin ich!«

Spieler zum Trainer: »Ich finde,
mein Gehalt steht in keinem Verhältnis
zu meiner Leistung!«
Trainer: »Stimmt! Aber wir sind ein sozialer
Klub. Wir lassen niemanden verhungern!«

In einer Trainingspause.
»Warum lernt unser Trainer denn
plötzlich Italienisch?«
»Na, weil er mit seinem Latein am Ende ist!«

Faucht der Trainer seinen Torwart an, als er ihn mit einer Flasche Bier im Vereinsheim erwischt: »Du rauchst, du säufst, du klaust mir Geld aus der Umkleidekabine. Außerdem weiß ich, dass du ein Verhältnis mit meiner Frau und mit meiner Tochter hast. Wenn jetzt noch das Geringste vorkommt, fliegst du aus der Mannschaft!«

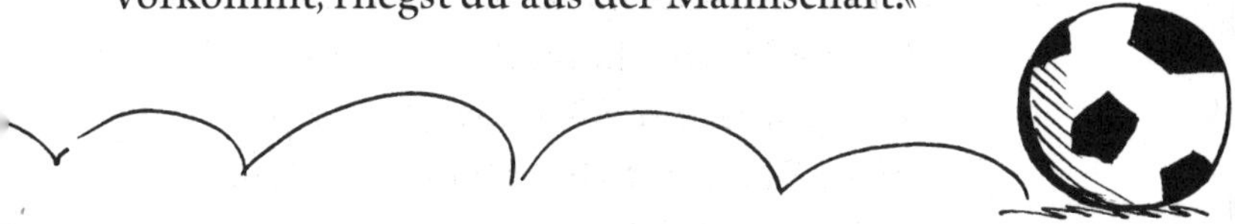

Unterhalten sich zwei Trainer vor dem Spiel.
Sagt der eine: »Deine Mannschaft steht ja
ziemlich schlecht da, fünf Punkte von einem
Nichtabstiegsplatz entfernt. Hast du keine Angst,
dass man dich feuert?«
»Ist mir ziemlich egal ...«
»Hast wohl 'nen super Vertrag, oder?«
»Das nicht. Aber heute früh hat der Präsident von
deinem Verein bei mir angerufen ...«

Jedes Wochenende geben die Bundesligatrainer ihr Aufgebot bekannt. Aber nie liest man montags, dass sie geheiratet hätten.

Die Mannschaft kommt von einem Europacup-Spiel zurück. Fragt der Zöllner am Flughafen: »Haben Sie Devisen?« Grinst der Trainer: »Nur eine: Seid nett zueinander und vertragt euch!«

Beschwert sich der junge Spieler beim Trainer des Tabellenletzten: »Habe ich Ihnen eigentlich etwas getan? Sie stellen mich immer nur dann auf, wenn das Stadion fast leer ist!«

Während eines Fußballspiels sitzt der Trainer hektisch auf der Bank. Plötzlich springt er auf und ruft seinen Spielern zu: »Wieso kommt der Gegner denn so frei zum Schuss?« Ein Spieler ruft zurück: »Ist meistens so beim Elfmeter, Herr Trainer!«

Schneewittchen, Herkules und Baron Münchhausen waren früher – das ist weitgehend unbekannt – gemeinsam in einer Klasse. Beim 25-jährigen Klassentreffen plaudern sie darüber, ob Schneewittchen eigentlich noch die Schönste im Lande sei, Herkules noch der Stärkste und Münchhausen noch der gerissenste Lügner aller Zeiten.
Da fällt Schneewittchen ein, dass sie noch einen alten Spiegel zu Hause habe, den man solche Sachen fragen könne und der immer die Wahrheit sage. So gehen sie also zu Schneewittchen. Sie geht als erste in das Zimmer mit dem Spiegel, kommt nach kurzer Zeit freudestrahlend wieder heraus und erzählt, sie sei noch immer die Schönste im ganzen Land.
Danach geht Herkules in das Zimmer – mit dem gleichen Ergebnis: Er sei noch immer der Stärkste.
Schließlich geht Münchhausen in den Raum mit dem Spiegel. Zehn Minuten vergehen, zwanzig Minuten, eine halbe Stunde ...
Irgendwann kommt Münchhausen mit hängenden Schultern aus dem Zimmer, blickt Schneewittchen und Herkules traurig an und fragt: »Kennt ihr zufällig einen Christoph Daum?«

»Na, Lothar«, mahnt der Trainer seinen lauffaulen Stürmer nach der Winterpause an, »da zeigt die Waage wohl ein Pfund zu viel, nicht wahr?«
»Keine Spur«, meint der schlagfertig, »laut Tabelle müsste ich nur zehn Zentimeter größer sein!«

»Jetzt aber marsch mit euch unter die Dusche«,
sagt der Trainer nach dem Spiel.
»So dreckig hab ich euch noch nie gesehen.«
»Können wir das nicht lassen?«, meint Fabian.
»Übermorgen ist doch schon das Rückspiel.«

»Nenn mir mal ein anderes Wort für
Kündigungsschreiben an einen Trainer!«
»Flaschenpost ...«

Der Trainer erwischt seinen teuersten Neueinkauf, wie er in der Kabine während der Halbzeit eine Zigarette raucht. »Bist du wahnsinnig?«, geht er auf ihn los. »Ich würde lieber einen Einbruch begehen, als in der Halbzeitpause zu rauchen.«
»Ich auch«, sagt der Stürmer, »aber dafür reicht die Zeit einfach nicht!«

Straßenbolz in der Vorstadt. Besonders auffällig: ein kleiner Blondschopf, der seine Kumpels aussteigen lässt, wie er will, und ein Tor nach dem anderen schießt. Der Trainer vom großen Bundesligisten kommt zufällig vorbei, sieht sich das Ganze eine Weile an, dann sagt er zu dem Jungen: »Also, du spielst wirklich klasse, und zur Belohnung will ich dir etwas schenken. Möchtest du einen Euro oder eine Tafel Schokolade?«
»Ach, da nehme ich gern die Schokolade. Ich möchte ja kein Profi werden ...«

Wie heißt der Erfinder der Rasenheizung?
Ganz einfach: Hitzfeld ...

Nach dem Training der Thekenmannschaft bittet der Trainer Peter zum Gespräch.
»Also Peter, du bist wirklich ein Phänomen. Ohne Zweifel bist du derjenige, der bei uns am meisten läuft.«
Peter ist ganz freudig erstaunt:
»Wirklich?«
»Ja, wirklich, aber leider immer in die falsche Richtung.«

Vieraugengespräch zwischen
Manager und Trainer.
Sagt der Trainer zum Manager:
»Die Spieler von heute muss man
behandeln wie rohe Eier.«
»Und wie behandelt man rohe Eier?«,
will der Manager wissen.
»Man haut sie in die Pfanne!«

Der Jugendtrainer, der für seine außergewöhnlichen Trainingsmethoden bekannt ist, hält eine Ansprache im Fußballinternat: »Männer, ich bin jetzt seit genau einem Jahr euer Trainer, und ihr kennt ja meine Devise: Abhärtung macht stark. Heute verrate ich euch mal ein Geheimnis. Jeden Morgen, wenn ich vor dem Frühstück in die Küche gegangen bin, dann habe ich euch Sägespäne in die Nussnougatcreme gemischt. Man muss schließlich lernen, sich durchzubeißen. Ab sofort halte ich diese Maßnahme nicht mehr für nötig.« Steht Winfried auf und sagt: »Also, Jungs, ihr hört ja, was der Trainer sagt. Vielleicht sollten wir ab heute auch damit aufhören, ihm immer, wenn er in der Küche ist, in seinen Milchkaffee zu spucken.«

Der Trainer stimmt seine Mannschaft auf die neue Saison ein: »Nur damit ihr schon mal wisst, was auf euch zukommt: Mein Training besteht aus einem Drittel Waldlauf, einem Drittel Treppensteigen, einem Drittel Medizinballstemmen und das letzte Drittel ist die Arbeit mit dem Ball.
Darauf ein Spieler: »Vier Drittel Training! Ist das nicht ziemlich unmöglich?«
»Keine Sorge«, meint der Trainer, »unser Trainingsgelände ist groß genug!«

Rechtsaußen Olaf beklagt sich bei seinem Trainer: »Eigentlich bin ich ein Rindvieh. Ich ackere wie ein Gaul, schwitze wie ein Schwein und fühle mich auch noch hundeelend!«
Entgegnet der Trainer trocken: »Vielleicht solltest du mal zum Tierarzt!«

Noch zwei Minuten, dann ist das Spiel vorbei, die Mannschaft liegt 0:8 zurück, da erhebt sich der Trainer von der Bank und ruft seinen Spielern zu: »Jungs, lasst euch nicht so hängen, zweistellig ist noch drin!«

Kapitel 7

Schiedsrichter – eine seltsame Spezies

Fragt der Spieler den Schiedsrichter:
»Wie heißt denn Ihr Hund?«
»Ich habe keinen Hund ...«
»Oh, das tut mir aber Leid für Sie.
Blind – und keinen Hund.«

Nach dem Spiel steigt der Schiedsrichter in seinen Wagen ein. Da fragt ihn ein Spieler im Vorübergehen: »Sag mal, seit wann dürfen Blinde Auto fahren?«

»Gehen Sie auch zum Fußball?«
»Da pfeif' ich drauf!«
»Sie mögen keinen Fußball?«
»Doch, ich bin Schiedsrichter!«

Der Schiedsrichter zeigt dem Stürmer
die gelbe Karte und fragt ihn:
»Wie heißen Sie?«
»Mein Name ist Lang.«
»Macht nichts, ich habe Zeit.
Das lasse ich nachspielen ...«

Richter: »Angeklagter! Sie haben den Schiedsrichter verprügelt. Ich verurteile Sie zu eineinhalb Jahren Gefängnis wegen eines besonders schweren Falles!«
Angeklagter: »Herr Richter – wieso denn besonders schwerer Fall? Dieser Mann ist wirklich eine Schande für seine Zunft.«
Schmunzelt der Richter: »Stimmt. Ich habe das Spiel sogar gesehen. Deshalb ist es ja ein besonders schwerer Fall ...«
»Ich verstehe kein Wort!«
»Sie haben einen Blinden verprügelt!«

»Herr Schiedsrichter, ich glaube, Sie sind
parteiisch! Dauernd pfeifen Sie gegen uns!«
»Unerhört! Noch so eine Bemerkung, und
Sie spielen nicht mehr gegen uns!«

»Haben Sie drei Sekunden Zeit?«,
fragt ein Zuschauer den Schiedsrichter nach Spielschluss. Dieser nickt zustimmend.
»Dann erzählen Sie mir bitte mal alles, was Sie über Fußball wissen!«

Wie groß ist der perfekte Schiri?
25 Zentimeter.
Immer auf Ballhöhe.

»Verehrte Zuschauer!«, tönt es aus dem Platzlautsprecher. »Die Partie verzögert sich um einige Minuten. Der Unparteiische hat seine Pfeife vergessen.«
»So ein Snob«, empört sich ein Besucher.
»Was muss der Kerl denn während des Spiels rauchen!«

Richter zum Angeklagten, einem Fußballer:
»Und warum haben Sie den Schiedsrichter in den Bauch getreten?«
»Was kann ich denn dafür, wenn sich der einfach umdreht?«

Karl zum Schiedsrichter:
»Das war ein tolles Spiel! Echt schade,
dass Sie es nicht gesehen haben!«

»Dabei sein ist alles!«, rief der Schiedsrichter
und schoss das erste Tor.

Zwei Verkäufer unterhalten sich.
»Du bist doch jetzt Schiedsrichter.
Was gefällt dir denn an diesem Hobby so?«
»Ich will auch mal was machen,
wo die andere Seite immer Unrecht hat ...«

Fragt der Spieler, der gerade »Gelb«
gesehen hat, den Schiedsrichter:
»Sagen Sie, darf man eigentlich zu einem
Schiedsrichter ›Rindvieh‹ sagen?«
»Wenn Sie auch noch Rot wollen!«,
sagt der Unparteiische drohend.
»Aber man darf zu einem Rindvieh
›Schiedsrichter‹ sagen?«
»Von mir aus«, sagt der Schiedsrichter genervt.
»Na, dann ist ja alles klar, Herr Schiedsrichter!«

Ein Spieler wird gefoult und fliegt genau auf die Nase. Der Schiedsrichter bückt sich, hilft ihm auf und fragt: »Sind Sie verletzt? Ist die Nase noch heil?«
Darauf antwortet der Spieler: »Alles o.k., die Löcher waren schon vorher drin.«

Spieler hinter dem Rücken des Schiedsrichters: »So ein Blinder!«
Der dreht sich um und ruft: »Was war das eben?«
Brummt der Spieler: »Und taub ist er auch noch!«

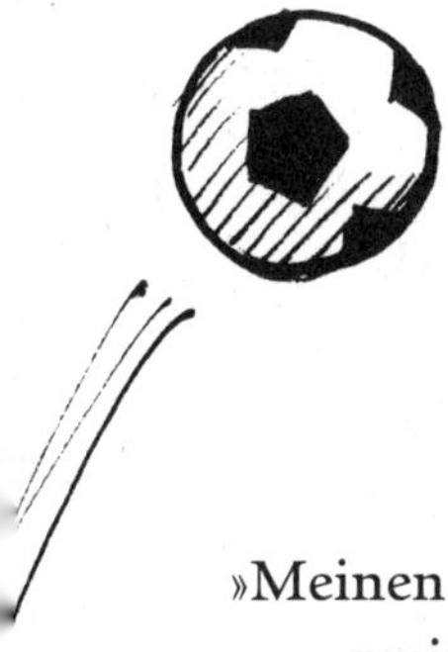

Länderspiel im Fernsehen. Erregt sich der Ehemann: »Dieser Schiedsrichter ist vollkommen blind!«
Sagt sie: »Aber wieso trägt denn der Ballack dann die Armbinde?«

Fußballer beim Augenarzt:
»Meinen Sie, meine Kurzsichtigkeit könnte meiner sportlichen Karriere schaden?«
Arzt: »Ach was! Wenn gar nichts mehr geht, werden Sie Schiedsrichter!«

Der Schiedsrichter zieht nach einem Foul die gelbe Karte. Höflich fragt der Spieler: »Wieso bekomme ich eine gelbe Karte?« Darauf antwortet der Schiri: »Oh, Entschuldigung, es war die falsche. Ich bin farbenblind.« Und zieht die rote.

»Warum schimpfen denn die Leute so mit dem Mann dort?«, fragt einer auf dem Fußballplatz. »Weil er mit einer Coladose nach dem Schiedsrichter geworfen hat.« »Aber er hat ihn doch gar nicht getroffen!« »Darum schimpfen sie ja so.«

Vor dem Sportgericht wird gegen den Torhüter wegen Schiedsrichterbeleidigung verhandelt. Fragt der Vorsitzende den Schiedsrichter als Zeugen: »Kann es sein, dass dem Spieler das Wort ›Blödmann‹ nur so im Eifer des Gefechts herausgerutscht ist?« »Das glaube ich nicht, er hat mich vorher genau fixiert!«

Gerangel an der Außenlinie.
Zwei Spieler haben sich gegenseitig am Kragen.
Der Schiedsrichter kommt hinzu und brüllt:
»Auseinander! Wer von euch hat angefangen?«
Keucht der eine Spieler:
»Der da! Der hat zuerst zurückgefoult!«

Das Fußballspiel ist zu Ende. Ein Polizist beobachtet einen Mann, der sich auf der Herrentoilette eine dunkel getönte Brille aufsetzt, eine Perücke überzieht und einen Schnauzer anklebt. Vorsichtig öffnet er die Toilettentür, sieht argwöhnisch nach allen Seiten und will die Toilette verlassen.
Da packt ihn der Polizist an der Schulter und sagt: »Halt, Bürschchen! Hab' ich dich endlich! Du bist doch der lange gesuchte Taschendieb ...«
»Psssst, nicht so laut!«, entgegnet der andere. »Ich bin kein Taschendieb. Ich bin der Schiedsrichter von dem Spiel soeben.«

Unterhalten sich zwei Linienrichter:
»Ich glaube, ich brauche eine Brille!«
»Kurzsichtig oder weitsichtig?«
»Am besten durchsichtig!«

Kommt ein Schiedsrichter zum Psychiater:
»Herr Doktor, mich kann keiner leiden.«
»Ja, mein Herr, woran kann das liegen?«
»Wenn Sie noch mal so eine unverschämte Frage stellen, dann fliegen Sie. Ist das klar?«

Der Lehrer erwischt Paul, wie er sich gerade ins Fußballstadion schleichen will.
»So, mein Bürschchen, hab ich dich! Du kannst heute also nicht in die Schule kommen, weil du angeblich deinen Onkel im Krankenhaus besuchen musst, und stattdessen treffe ich dich hier!«
»Natürlich muss ich noch ins Krankenhaus, Herr Lehrer. Mein Onkel ist nämlich bei diesem Spiel der Schiedsrichter.«

Die letzten Worte des Schiedsrichters:
»Nein, das ist kein Elfmeter!«

»Papa, was wird aus einem Bundesligaspieler, wenn er nicht mehr so gut sehen kann?«, will Kurti wissen.
»Dann wird er Schiedsrichter«, erklärt ihm der Vater.

Trifft ein Schiedsrichter einen Kollegen.
»Du, wenn die in ihren gestreiften Trikots spielen, hab ich da immer so ein Flimmern vor den Augen.«
Entgegnet der andere gelassen: »Mach's doch wie ich, schau einfach nicht hin!«

Der einsichtige Schiedsrichter stattet dem Augenarzt einen Besuch ab.
»Lesen Sie mal die Zahlen vor!«
»Welche Zahlen?«
»Na, die an der Tafel da vorne.«
»Welche Tafel?«
»Die an der Wand hängt!«
»Welche Wand?«
»Mein Herr, Sie brauchen keine Brille, Sie brauchen einen Blindenhund.«
»Seltsam, das sagen die Spieler auch immer.«

Der Schiedsrichter nach der Partie zum
Schiedsrichterobmann: »Ich habe das Gefühl,
keiner der Spieler auf dem
Platz nimmt mich richtig ernst.«
Obmann: »Sie scherzen!«

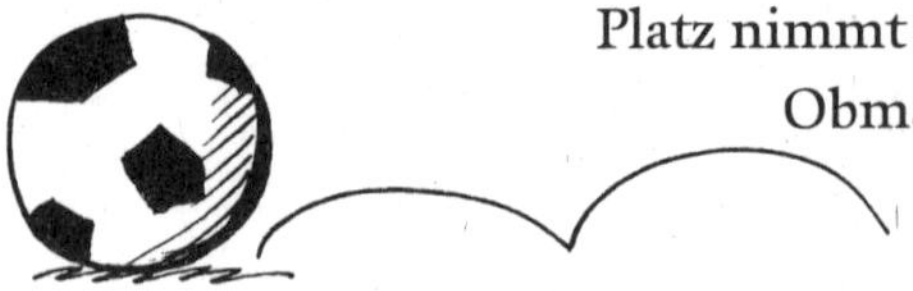

Nach einer turbulenten Partie kommt Schiedsrichter Walter abends in seine Stammkneipe.
Sagt ihm der Wirt: »Ich hab das Spiel im Fernsehen angeschaut. Da bist du ja gerade noch mit heiler Haut davongekommen. Hat deine Frau über dein blaues Auge gleich kalte Umschläge gemacht?«
Walter: »Nein, Udo, nur dumme Sprüche!«

Fragt ein Zuschauer den Schiedsrichter
vor dem Fußballmatch:
»Wie haben Sie eigentlich hierher gefunden?«

Der Schiedsrichter hat das Spiel schon angepfiffen, aber seine Karten vergessen.
»Macht nichts«, beruhigt ihn ein Linienrichter, »bei Gelb zeigst du die Zähne, und bei Rot streckst du deine Zunge raus.«

Es hat furchtbar geregnet, und
der Fußballplatz steht unter Wasser.
Trotzdem soll das Spiel angepfiffen werden.
Meint der Schiedsrichter:
»Die Blauen haben Anstoß, dafür spielen
die Roten mit der Strömung!«

Dialog auf dem Fußballplatz,
kurz vor der roten Karte.
»Herr Schiedsrichter,
was sind Sie eigentlich
von Beruf?«
»Elektroinstallateur.«
»Dachte ich mir schon.
Sooo 'ne lange Leitung.«

Der Schiedsrichter ermahnt den Spieler nach einem Foul: »Zum letzten Mal! Ich bin kein Mann der großen Worte, also wenn ich Sie herwinke, dann traben Sie gefälligst an.«
Entgegnet der Spieler: »Ich rede auch nicht gern. Wenn ich mit dem Kopf schüttle, komme ich nicht.«

Schiedsrichter zum Abwehrspieler, kurz bevor er ihm die rote Karte zeigt: »Heute will ich mir mal etwas Gutes tun und Job und Vergnügen miteinander verbinden, Herr Förster, für Sie ist dieses Spiel beendet!«

Der Trainer nach der verlorenen Partie
zum Schiedsrichter: »Wissen Sie,
Herr Schiedsrichter, es gibt viele
Möglichkeiten zu Geld zu kommen,
aber eigentlich nur eine anständige.«
»Und welche ist das?«, fragt der Schiri.
»Dachte ich mir, dass sie die nicht kennen.«

Schiedsrichter Pfeiffer trifft beim
Stadtbummel seinen Uhrmacher und
begrüßt ihn gleich ganz begeistert:
»Gut, dass ich Sie treffe! Also die Uhr,
die Sie mir letztens verkauft haben ...«
Ganz erschrocken fragt der Uhrmacher:
»Was ist mit der? Sind Sie etwa unzufrieden?«
»Ganz im Gegenteil«, antwortet Pfeiffer.
»Innerhalb von einer Stunde
schafft sie locker 80, 90 Minuten!«

Schiedsrichter Collina kommt zum
Friseur und verlangt ein Haarwuchsmittel.
Die Friseurin erkundigt sich:
»Eine kleine oder eine große Flasche?«
Der Schiri denkt kurz nach und sagt
dann mit fester Stimme:
»Eine kleine Flasche müsste reichen.
Zu lang sollen meine Haare
auch nicht werden!«

Regenschlacht auf dem Acker, der Torhüter stürzt sich auf den Ball, ein Pfiff, Elfmeter. Darauf der Torwart zum Schiedsrichter: »Schiri, du bist ja blind!« Antwortet der Schiedsrichter betont höflich: »Wie ich sehe, sind Sie nicht mehr ganz sauber. Gehen Sie mal gleich zum Duschen.«

In der Hitze des Gefechts
rennt Didi den Schiedsrichter um.
Nachdem der sich berappelt hat, sagt er:
»Passen Sie doch auf! Glauben Sie etwa,
dass ich ein Laternenpfahl bin?«
»Das bestimmt nicht«, meint Didi.
»Sonst wären Sie oben heller!«

Unterhalten sich zwei Ehrengäste auf der Haupttribüne während des hochklassigen Spiels: »Also wirklich«, sagt der eine, »über diesen Schiedsrichter kann man nur Gutes sagen.« Darauf der andere: »Na, dann reden wir lieber über jemand anderen.«

Ein Stürmer zum Unparteiischen, der vor dem Spiel im Kabinengang einen Hustenanfall erleidet: »Alles in Ordnung, Herr Schiedsrichter?«
Darauf der Schiedsrichter: »Schon gut, geht gleich wieder, ich habe Asthma.«
Darauf der Spieler: »Ein Glück, ich dachte schon, Sie wollten das Spiel hier anpfeifen.«

Zwei Schiedsrichter sitzen in einem Straßencafé. Nachdem sie vom Kellner seit über einer halben Stunde keines Blickes gewürdigt werden, nimmt der eine seine Pfeife und pfeift nach ihm. Dies zeigt Wirkung, und der Kellner kommt prompt an ihren Tisch: »Meine Herrschaften, was darf ich Ihnen bringen?«, fragt er. »Vielleicht Vogelfutter?«

Kapitel 8

Im Verein ist Sport am schönsten

Anruf beim stark abstiegsbedrohten Kreisligisten:
»Wann fängt denn das heutige Spiel an?«
»Wann können Sie denn da sein?«

Welches ist der höchste Berg der Welt?
Der Bökelberg. Borussia Mönchengladbach braucht immer mindestens ein ganzes Jahr, um auf- und wieder abzusteigen.

Treffen sich zwei Fans des SC Freiburg. Sagt der eine: »Ich habe gehört, wenn Volker Finke nicht mehr will, steht sein Nachfolger schon fest.«
»Und wer wird das sein?«
»Reinhold Messner. Weil sich keiner mit Auf- und Abstieg so gut auskennt wie er.«

Die Sekretärin des lizenzgefährdeten Bundesligaklubs zum Manager:
»Boss, da möchte Sie ein Herr sprechen.«
»Im Augenblick habe ich leider keine Zeit. Bieten Sie ihm in der Zwischenzeit einen Stuhl an.«
»Der wird ihm nicht genügen – es ist der Gerichtsvollzieher!«

»Immer wenn ich im Fernsehen Hansa Rostock sehe, verlieren die.«
»Beruhige dich! Im Radio spielen die auch nicht besser.«

Wieso werden beim 1. FC Kaiserlautern jetzt Mountainbikes angeschafft?
Damit die Mannschaft vom Betzenberg schon mal das Absteigen üben kann.

Freundschaftsspiel Hannover 96 gegen eine ostfriesische Auswahl. Der Bundesligist hat jedoch nur 20 Minuten Zeit und reist dann wieder ab. In der 89. Minute gehen die Ostfriesen unter großem Jubel ihrer Fans mit 1:0 in Führung.

Ein Fußballfan des VfL Bochum besucht seinen Kumpel und wundert sich, dass überall in der Wohnung Uhren mit den Wappen der Bundesligaklubs hängen. Der Freund erklärt dem VfL-Fan sein Hobby: »Immer wenn die entsprechende Mannschaft verliert, drehen wir die Uhr um eine Stunde zurück!«
Fragt der Bochumer: »Aber die Uhr vom VfL fehlt!«
Lacht der Kumpel: »Nee, nee, die fehlt nicht. Die hängt in der Küche – als Ventilator!«

Was haben Borussia Dortmund
und Karstadt gemeinsam?
Beide sind pleite, aber Karstadt
hat die bessere Sportabteilung.

Der Manager des Spitzenklubs ist mal
wieder furchtbar beschäftigt und zerstreut.
Seine Sekretärin bemüht sich trotzdem
um ein wenig Small Talk mit ihm.
»Es ist schwül draußen«, macht sie ihn
auf das Wetter aufmerksam.
Geistesabwesend nickt der Manager mit dem
Kopf und meint: »In Ordnung, soll reinkommen!«

Warum fährt der Mannschaftsbus von Eintracht Frankfurt immer mit 150 Sachen durch geschlossene Ortschaften?
Damit die Mannschaft wenigstens in Flensburg Punkte bekommt.

Fernsehübertragungen von Spielen des FC Bayern München werden immer beliebter. Ein Drittel der Bundesbürger schaltet regelmäßig ein.
Die anderen nehmen normale Schlafmittel.

Was ist der Unterschied zwischen den Fans von Werder Bremen und Schnittlauch?
Es gibt keinen: Beide sind grün und treten nur gebündelt auf!

Warum musste das Spiel 1. FC Kaiserslautern gegen Bayern München ausfallen?
Die Lauterer haben noch keine zweistellige Anzeigetafel.

Warum ist der Stadionrasen in der neuen Arena von Hertha BSC einbetoniert worden? Damit das Spielniveau der Berliner nicht noch tiefer sinken kann.

Der 1. FC Nürnberg fliegt zum Meisterschaftsspiel nach Hamburg. Als es den Spielern langweilig wird, fangen sie an, in der Maschine Fußball zu spielen. Der Pilot hat alle Mühe, das Flugzeug in der Luft zu halten. Schließlich schickt er seinen Copiloten nach hinten. Nach fünf Minuten herrscht himmlische Ruhe.
»Wie hast du das denn gemacht?«, fragt der Pilot.
»Ganz einfach: Ich habe gesagt: ›Guckt mal Jungs, wie schön das Wetter ist. Kommt, spielt doch draußen weiter!‹«

Unterhalten sich zwei Fans des VfB Stuttgart:
»Mein Hund kann Kunststücke:
Jedes Mal, wenn der VfB ein Tor kassiert,
macht er einen Salto.«
»Ist ja kaum zu glauben! Vorwärts
oder rückwärts?«
»Kommt drauf an, wo ich ihn treffe ...«

Drei Touristen werden im Urwald von einem Eingeborenenstamm gefangen genommen.
Fragt der Häuptling den ersten:
»Für welche Mannschaft bist du?«
Der schaut zwar erstaunt, sagt dann aber:
»Ich bin Fan von Bayern München!«
Darauf der Häuptling:
»Das muss bestraft werden: Du bekommst 20 Schläge auf den Rücken! Aber du hast einen Wunsch frei!«
Der Bayernfan bittet um ein Kissen, das die Schläge dämpfen soll. Nach den 20 Schlägen ist das Kissen zerfetzt und der Rücken grün und blau.
Nun wird der zweite Tourist nach seinem Lieblingsklub gefragt. Er nennt Borussia Dortmund. Dies wird mit 40 Schlägen auf den Rücken bestraft. Aber auch er bekommt einen Wunsch frei und bittet um zwei Kissen, die den Schmerz jedoch ebenfalls nur wenig lindern.
Der dritte Mann gibt sich als Schalke-Fan zu erkennen.
Ein breites Grinsen geht über das Gesicht des Eingeborenen:
»Das ist auch mein Lieblingsverein! Du bist frei und hast zwei Wünsche frei!«

Der Schalker überlegt kurz und bittet dann als erstes um 60 Schläge auf den Rücken. Darauf der Wilde erstaunt:
»Was!? Wer wünscht sich denn so was? Aber wie du willst! Und dein zweiter Wunsch?«
Der Schalker:
»Bindet mir einfach den Dortmunder auf den Rücken!«

Telefonanruf beim Verein.
»Ich hätte gern den Manager gesprochen.«
»Geht leider nicht, der ist bei Gericht.«
»Kann ich dann heute Nachmittag noch mal anrufen?«
»Wenn Sie wollen ...«
»Wann kommt er denn ungefähr zurück?«
»Hm, wenn er ein bisschen Dusel hat, in eineinhalb Jahren!«

Unterhalten sich zwei Freiburger-Fans:
»Immer wenn ich mich über den SC ärgere, gehe ich 14 Tage nicht mehr ins Dreisamstadion.«
»Und wie oft ärgerst du dich über den SC?«
»Alle zwei Wochen.«

Wie wird man Millionär?
Indem man Milliardär war und in
Aktien von Borussia Dortmund investiert hat.

Gehen zwei Fans von Kickers Offenbach an einem Kornfeld vorbei und sehen einen Mann, der in einem Boot sitzt und versucht, über das Feld zu rudern.
Sagt der eine: »Siehst du, wegen so was sagen die von Eintracht Frankfurt, wir seien doof.«
Darauf der andere: »Stimmt! Wenn ich schwimmen könnte, würde ich hinschwimmen und ihm eine runterhauen!«

Mit einem Stoßseufzer meint der Manager
zu seinem Präsidenten:
»Endlich sind wir unsere Finanznöte los!«
»Toll! Wie haben Sie das nur so schnell gemacht?«
»Wir sind bankrott!«

Was unterscheidet einen
Marienkäfer von Hansa Rostock?
Der Marienkäfer hat entschieden mehr Punkte!

Geht ein Dortmunder-Fan zum Heimspiel.
Am Ticketschalter legt er einen
50-Euro-Schein auf den Tresen.
Daraufhin fragt der Verkäufer: »Willste 'n Ticket
oder willste 'nen Spieler kaufen?«

Der Scheidungsrichter will von Klein-Kläuschen wissen, ob er in Zukunft bei seiner Mutter leben möchte.
Kläuschen: »Nein, die schlägt mich immer.«
Richter: »Dann willst du wohl lieber zu deinem Vater?«
Kläuschen: »Nein, um Gottes willen! Der schlägt mich auch immer.«
Richter: »Ja, das wird schwierig. Wo willst du denn selbst am liebsten hin?«
Kläuschen: »Ich möchte zu Energie Cottbus, die schlagen niemanden.«

Ein Schalker sitzt draußen mit Kaffee
und Kuchen. Setzt sich eine Wespe
auf den Pflaumenkuchen.
Der Schalker empört: »Dat Trikot
ziehste gefälligst aus in mein' Garten.«

Warum ist die Arena
»Auf Schalke« überdacht?
Weil Glücksspiele unter freiem
Himmel verboten sind.

Was haben die A-Klasse und
Borussia Dortmund gemeinsam?
Bei beiden ist die Konkurrenz aus
München und Wolfsburg besser.

Ein Fan von 1860 München betritt seine Stammkneipe und ruft: »Hey, Männer, wer will einen super Bayern-Witz hören?«
Am Tresen dreht sich ein riesenhafter Kerl um und sagt:
»Burschi! Ich bin 191 Zentimeter groß, wiege 110 Kilo und bin Bayern-Fan! Der Kumpel neben mir ist 195 Zentimeter groß, wiegt 125 Kilo und ist Bayern-Fan! Und der Sportsfreund neben ihm ist 201 Zentimeter groß, wiegt 132 Kilo und ist auch Bayern-Fan! Willst du uns den Witz immer noch erzählen?«
Darauf der 1860-Fan: »Na, lasst mal, bevor ich ihn drei Mal erklären muss.«

Fragt ein Fan am Stuttgarter Hauptbahnhof einen älteren Herrn: »Wie komme ich denn zum VfB?« »Mei, junger Mann, da müsset se eifrig trainiere ...«

Rudi Assauer findet einen Flaschengeist. Sagt der Geist, nachdem er aus der Flasche entwichen ist: »Danke, Rudi! Du hast mich gerettet. Jetzt hast du einen Wunsch frei.« Assauer überlegt kurz und sagt dann: »Ich hätte gern eine Autobahn von Gelsenkirchen nach Brasilien, da können dann unsere südamerikanischen Spieler, von denen viele Flugangst haben, auch mal mit dem Auto heimfahren.« Der Flaschengeist schlägt die Hände über dem Kopf zusammen: »Das ist unmöglich! Wo soll ich denn das ganze Baumaterial herkriegen? Und die Pfeiler im Meer halten doch nie! Bitte, wünsch dir was anderes!« Darauf Rudi Assauer: »Dann wünsche ich mir, dass Schalke endlich mal Deutscher Meister wird.« Der Geist kratzt sich hinterm Ohr und sagt: »Okay, okay. Soll die Autobahn vier- oder sechsspurig sein?«

Der Platzwart von Arminia Bielefeld fährt mit dem Fahrrad durch die Stadt. Auf dem Gepäckträger hat er zwei Säcke. Der eine Sack hat ein Loch, aus dem dauernd Eurostücke herausfallen. Da überholt ihn die Polizei und stoppt ihn. »Sie verlieren dauernd Eurostücke!«, sagt der eine Polizist zu ihm. Der Platzwart erschrickt. »Da muss ich ja den ganzen Weg zurückfahren und das Geld wieder einsammeln«, sagt er. »Moment mal«, fragt der andere Polizist. »Woher haben Sie denn die ganzen Münzen überhaupt? Sind die etwa geklaut?« »Um Gottes willen, nein!«, sagt der Mann. »Wissen Sie, ich habe mein Haus direkt neben der Alm, dem Stadion der Arminia. Die Leute kommen immer und pinkeln in meinen Garten. Da stell' ich mich samstags mit der Heckenschere hin und sage: »Einen Euro, oder ...« »Gute Idee«, sagt der eine Polizist. »Aber was ist denn dann in dem anderen Sack?« »Na ja«, sagt der Mann, »es bezahlen ja nicht alle ...«

Nach einem nächtlichen Einbruch fehlen aus dem Tresor der Geschäftsstelle des Bundesligisten 60.000 Euro. Erbost fordert der Manager den Reporter der Boulevardzeitung auf: »Schreiben Sie, der Einbrecher hätte 100.000 Euro erbeutet – dann macht dem Mistkerl wenigstens zu Hause seine Frau die Hölle heiß!«

Ein Dortmunder, ein Schalker und ein Schwarzafrikaner sitzen im Warteraum vor der Entbindungsstation im Krankenhaus. Die Krankenschwester betritt den Raum und sagt: »Herzlichen Glückwunsch, meine Herren, Sie sind alle drei Vater je eines gesunden Babys geworden. Allerdings ist uns ein Fehler unterlaufen. Wir haben die Kinder vertauscht und wissen nicht, welches zu wem gehört.« Da springt der Dortmunder auf, rennt in den Entbindungssaal, schnappt sich das dunkelhäutige Baby und flüchtet. Der Afrikaner läuft hinterher und ruft: »Hey, das wird doch wohl mein Kind sein!« Darauf der Dortmunder: »Egal, Hauptsache kein Schalker!«

Ein 90-Jähriger, der schon seit 70 Jahren
begeisterter Fan und Mitglied von
1860 München ist, äußert auf dem Sterbebett
vor der Familie seinen letzten Wunsch:
»Ich möchte bei den Sechzigern austreten
und Mitglied beim FC Bayern werden.«
»Aber Vater«, ruft einer der Söhne entsetzt,
»du warst doch dein ganzes Leben lang
ein ›Löwe‹!«
»Ja, schon«, sagt da der alte Mann. »Aber wenn
ich schon sterbe, möchte ich, dass es
nicht einen von uns, sondern einen von
denen weniger gibt!«

Bayer Leverkusen in der guten alten Zeit:
Der Verein bekommt eine neue Elektrowaage
mit Computer.
Rudi Völler stellt sich als Erster drauf:
Die Waage zeigt an: »74 Kilo, perfekt.«
Dann Torhüter Jörg Butt:
»Zwei Kilo zu schwer.«
Schließlich stellt sich auch Manager Calmund
auf das gute Stück.
Die Waage meldet:
»Bitte nicht in Gruppen auf die Waage stellen!«

Ruhrpottderby, Dortmund gegen Schalke.
Das Stadion ist ausverkauft. In der Halbzeit soll die Miss Ruhrgebiet gekürt werden.
Der Stadionsprecher bittet sie in den Mittelkreis und sagt: »Frau Koslowski, beantworten Sie mir die Frage, wie viel drei mal drei ist, und Sie sind Miss Ruhrgebiet.«
Spontane Antwort: »Zehn«.
Das ganze Stadion brüllt: »Gib sie noch 'ne Chance!!!«
Sie überlegt und sagt: »Acht«.
Das Stadion brüllt wieder: »Gib sie noch 'ne Chance!!! Gib sie noch 'ne Chance!!!«
Der Stadionsprecher erbarmt sich und sagt: »Jetzt muss die Antwort aber stimmen, sonst wird's nichts mit dem Titel!«
Frau Koslowski überlegt lange, dann sagt sie: »Neun!«
Das ganze Stadion brüllt: »Gib sie noch 'ne Chance!!! Gib sie noch 'ne Chance!!!«

Was machen 16 Werder-Spieler vorm Kino?
Sie warten noch auf zwei Neuzugänge.
Der Film ist erst ab 18!

Wie bekommt man in der Gelsenkirchener Straßenbahn einen Sitzplatz, wenn alles voll ist? Man ruft ganz einfach: »Steht auf, wenn ihr Schalker seid!«

In Hannover freuen sie sich ganz arg auf die Fußball-WM. Das ist so wie die EXPO 2000. Nur mit Besuchern.

Drei Fans von Mainz 05 sitzen daheim und sehen fern. Es klingelt.
Nach einer halben Stunde sagt der erste: »Ich glaub', es hat geklingelt.«
Eine halbe Stunde später meint der zweite: »Vielleicht sollte mal einer die Tür aufmachen.«
Noch eine halbe Stunde vergeht, und der dritte steht auf und öffnet die Tür. Draußen wartet der vierte 05er-Fan und meint: »Mann, ey, klasse! Kaum geklingelt, und schon macht ihr auf.«

Warum schreibt man München jetzt mit »ue«? Weil der FC Bayern jeden Punkt für den Titelgewinn braucht!

Ein Mainzer-Fan trifft auf eine gute Fee,
die ihm sagt:
»Du hast zwei Wünsche frei. Bitte sage mir,
was möchtest du?«
Der Mainzer überlegt kurz und sagt:
»Isch hätt gern e Flasch Bier, die nie leer werd!«
Und im Handumdrehen hat er seine Flasche Bier.
Er öffnet sie, leert sie auf ex, setzt ab, wischt sich
den Mund, sieht auf die Flasche und meint:
»Mensch Klasse, die is jo noch total voll!«
Die Fee fragt: »Und was ist dein zweiter Wunsch?«
»Gebbe Se mer noch so e Flasch!«

Zwei Männer sitzen am Tresen.
Der erste: »Alle HSV-Fans sind Idioten!«
Der zweite springt empört auf und brüllt:
»Das nehmen Sie sofort zurück!«
Darauf der erste: »Wieso, sind Sie HSV-Fan?«
Die Antwort: »Nein, ich bin ein Idiot.«

Sollte der VfB Stuttgart wieder nicht den Einzug in die Champions League schaffen, wird das Gottfried-Daimler-Stadion in Chrysler-Stadion umbenannt.

Ein Mann kommt in einen Frankfurter Gemüseladen und bestellt beim Lehrling einen halben Kopfsalat. Darauf der Junge:
»Ich weiß nicht, ob wir halbe Salate verkaufen. Ich geh' mal nach hinten und frage den Chef.«
Hinten im Laden:
»Chef, da draußen will irgend so ein Penner einen halben Kopfsalat kaufen ...«
In diesem Augenblick bemerkt der Azubi, dass der Kunde direkt hinter ihm steht, und ergänzt:
»... und dieser nette Herr hier möchte die andere Hälfte haben!«
Dem Chef ist's recht, der Kunde zahlt und verlässt den Laden.
Später sagt der Chef zum Lehrling:
»Alle Achtung, das war jetzt aber wirklich schlagfertig von dir! Ich bin schwer beeindruckt. Woher kommst du eigentlich?«
»Aus Offenbach, Meister!«
»Aha! Und weshalb bist du von dort weggegangen, das ist doch eine schöne Stadt, oder?«
»Ach wissen Sie, Chef, dort gibt's nur dumme Frauen und eine Fußballmannschaft.«
»Tatsächlich? Meine Frau kommt auch von dort ...«
»Oh, das ist aber interessant – hat sie also bei den ›Kickers‹ in der Damenmannschaft gespielt???«

Frank Rost, Hamid Altintop und Ebbe Sand begleiten »Toni« Ailton zum Flugzeug nach Brasilien, wo er seinen Sommerurlaub verbringen will.
»Hier hast du einen Döner«, sagt Altintop, »damit du uns nicht verhungerst.«
»Und hier hast du eine Flasche Bier«, meint Rost, »damit du uns nicht verdurstest.«
Ebbe Sand reicht »Toni« eine Flasche Parfüm und sagt: »Damit du uns nicht verduftest.«

Warum heißt der 1. FC Köln, wenn er in der 2. Liga spielt, immer noch 1. FC Köln und nicht 2. FC Köln?

Ebbe Sand und Frank Rost sitzen auf dem Ast eines Baumes und sägen an ihm herum. Da läuft unter ihnen Mehmet Scholl vorbei und sagt: »Wenn ihr so weitersägt, kracht der Ast herunter.« Kaum hat er den Satz ausgesprochen, macht es »Ratsch«, und die beiden liegen gemeinsam mit dem Ast am Boden.
Sagt Frank Rost ganz verwundert: »Jetzt können die Spieler von Bayern München sogar schon wahrsagen!«

Aus der Vereinszeitung:
»Liebe Mitglieder! Bedauerlicherweise bekommt unser Präsident seit längerer Zeit anonyme Anrufe. Aus diesem Grund hat er sich eine Geheimnummer zugelegt. Sie lautet 11 22 33...«

Drei VfB-Fans sind auf einer Alpenwanderung in eine Gletscherspalte gefallen. Nach langer Zeit kommt Hilfe. Von oben rufen die Helfer:
»Wir sind vom Roten Kreuz!«
Antworten die Stuttgarter im Chor:
»Mir gäbet nix!«

»Hast du schon gehört? Uwe Seeler hat sich neue Schuhe anfertigen lassen – mit den Absätzen vorn!«
»Wieso denn das?«
»Er möchte endlich wieder das Gefühl haben, dass es mit dem HSV aufwärts geht!«

Warum gibt es in der Südkurve von Bayern München in letzter Zeit so viele Lücken?
Die Hooligans haben Angst vor Olli Kahn.

Ein Bayern-Fan hat einen kleinen Unfall und ein paar Dellen im Auto. Da kommt ein Anhänger von 1860 München vorbei und rät ihm: »Du musst kräftig in den Auspuff blasen, da drückt es die Beulen wieder raus.« Der 60er fährt weiter, und der Bayern-Fan denkt sich, das könne er ja mal probieren. Er bläst und bläst. Da kommen zwei Polizisten, ebenfalls Bayern-Fans, vorbei. Einer fragt mitleidig, was der Autofahrer denn da mache. Der antwortet: »Ein 60er-Fan hat mir gesagt, um die Dellen herauszubekommen, soll ich in den Auspuff blasen.« Da fangen die Polizisten an zu lachen und sagen: »Du Dummkopf! Du hast das Schiebedach aufgelassen! Dann kann das ja nicht funktionieren ...«

Aus dem Protokoll der Mitgliederversammlung eines ostfriesischen Fußballklubs: »Der Verein wird aus Sparsamkeitsgründen die neue Trainingshalle aus den Steinen der alten erstellen. Damit das Wintertraining nicht gefährdet wird, soll jedoch die alte Halle erst abgerissen werden, wenn die neue fertig gebaut ist.«

Ein Fan von Eintracht Frankfurt geht über eine Brücke. Als er nach unten schaut, sieht er auf einer Bank einen Anhänger von Kickers Offenbach mit seiner Freundin. Da ruft er nach unten:
»He, ihr beiden, hört sofort auf zu knutschen!«
Empört antwortet der Offenbacher:
»Bist du blind, wir unterhalten uns doch nur!«
Der Frankfurter lässt sich nicht beirren:
»Hört endlich auf, in der Öffentlichkeit rumzuknutschen. Das muss doch nicht sein.«
Wieder antwortet ihm der Offenbacher:
»Wir unterhalten uns doch nur, gib endlich Ruhe!«
Aber der Frankfurter ruft weiter:
»Schluss jetzt mit dem Geknutsche!«
Da wird es dem Offenbacher zu dumm. Er rennt den Berg hoch zur Brücke, um den verhassten Eintracht-Fan zu vertrimmen. Der aber ist inzwischen nach unten geflitzt und baggert sofort die Freundin des Offenbachers an.
Als der endlich auf der Brücke angekommen ist und nach unten schaut, sagt er:
»Sorry! Du hast Recht. Von hier oben sieht es wirklich so aus, als würdet ihr knutschen!«

Die Sekretärin kommt ins Büro des Bundesligamanagers. »Entschuldigung, draußen ist ein Herr, der Sie nach dem Geheimrezept Ihres Erfolges befragen möchte.« Darauf der Manager: »Von der Presse oder vom Finanzamt?«

Psychologieprüfung an der Uni. Professor: »Was ist einer, der über längere Zeit immer wieder tobend vor- und zurückrennt, sich die Haare rauft, aufspringt, sich hinsetzt, wieder aufspringt …?« Student: »Trainer bei Alemannia Aachen!«

Sinnend starrt ein Fan des SC Freiburg nach dem x-ten Abstieg des Klubs ins sein zwölftes Trostbier: »Unglaublich, was mich dieser Verein kostet …«

Warum dauern bei Fußballspielen die Halbzeitpausen nie länger als 15 Minuten? Weil man sonst die Spieler immer wieder neu anlernen muss.

Manager zum Bewerber:
»Guter Mann – unser Verein braucht einen energischen Mann. Einen mit Weitsicht und Engagement, einen mit Energie und Schwung. Wir benötigen jemanden, der für die Mannschaft durchs Feuer geht und da ist, wenn's brennt. Wenn Sie sich das zutrauen, sind Sie der Richtige für uns!«
Bewerber: »Ich glaube, das kann ich!«
Manager: »Na dann: Herzlich willkommen – Sie sind unser neuer Platzwart!«

»Jetzt rücken Sie mal mit Ihren Gehaltsvorstellungen heraus«, meint der Manager beim Vertragsgespräch mit dem Spieler, »dann lachen wir beide recht herzlich darüber, und ich nenne Ihnen dann meinen Vorschlag!«

Der Trainer des Zweitligisten in der Kabine zu seiner Mannschaft: »Ich habe zwei Neuigkeiten für euch. Eine gute und eine schlechte. Zuerst die gute: Nächste Saison steigen wir auf!«
»Und die schlechte?«
»Wir kaufen elf neue Spieler ...«

Der Manager des Abstiegskandidaten schaut auf der Kartenvorverkaufsstelle vorbei: »Na, wie läuft denn das Geschäft?« Sagt die Verkäuferin: »Danke, gut! Heute Vormittag hat einer eine Karte gekauft, nachmittags wurde es allerdings etwas ruhiger!«

»Sie wollen einen Job in unserem Verein. Was können Sie denn?«
»Nichts!«
»Tut mir Leid, die Posten von Trainer und Manager sind schon besetzt!«

Die Sekretärin des Vereinspräsidenten hat etwas Schwierigkeiten beim Diktat. Verständnisvoll fragt er sie: »Kommen Sie noch mit?«
»Gerne, Chef, ich muss aber spätestens um zehn Uhr zu Hause sein, weil mein Mann sonst misstrauisch wird!«

Die Deutsche Post will jetzt einen portugiesischen Verein sponsern: den FC Porto.

Vor einem wichtigen Spiel Schalke gegen Dortmund kommen die beiden Manager zusammen, um endlich das Kriegsbeil zwischen den rivalisierenden Klubs zu begraben. »Vor allem solltet ihr endlich mal aufhören, alle Dortmunder als doof zu bezeichnen«, sagt der Dortmunder Manager. »Du solltest das nicht so ernst nehmen«, antwortet sein Kollege aus Gelsenkirchen, »es handelt sich ja meist nur um Witze und nicht um Tatsachen. Und es gibt auch dumme Schalker. Ich werde dir das gleich beweisen.« Er geht zu seinem Chauffeur und sagt: »Fahr mal bitte zu mir nach Hause und schau nach, ob ich dort bin.« Der Chauffeur macht sich umgehend auf den Weg. »Du hast Recht: Der ist wirklich strohdumm«, sagt der Dortmunder Manager. »Er hat doch ein Handy. Es wäre doch viel einfacher gewesen, bei dir zu Hause anzurufen.«

Was unterscheidet den Manager von Schalke 04 von einem Blinddarm?
Nichts. Beide sind überflüssig und immer gereizt.

Warum gehen Blondinen nicht ins
Berliner Olympiastadion?
Das ist selbst denen zu blöd!

Der Amateurkicker in der Vereinsgaststätte:
»Mensch, Erwin, das Schnitzel ist zäh
wie eine Schuhsohle!«
»Na, dann nageln es dir doch unter
deine Stollen!«
»Hab ich ja probiert, aber die Nägel
sind alle abgebrochen!«

Die hübsche Uschi bewirbt sich als Sekretärin beim FC Bayern. Sie wird vom Präsidenten persönlich gefragt, wie viele Anschläge sie in der Minute schafft. »Anschläge? Ich wollte mich eigentlich als Sekretärin bewerben und nicht als Attentäterin!«

Bei einer Umfrage unter Hamburger-Fans
wurde festgestellt, dass fast alle von ihnen
HSV-positiv sind.

Nach der Sauna klingelt ein Handy.
»Hallo Schatz, ich bin gerade vor einer Boutique. Die haben einen Nerz ausgestellt zu einem unglaublichen Preis! Was meinst du, darf ich ihn kaufen?«
Der Spieler überlegt kurz und sagt dann cool:
»Okay, kauf ihn ruhig!«
»Oh, danke Liebster! Übrigens, auf dem Weg hierher habe ich bei dem Edel-Autohändler das neueste Coupé gesehen. Weißt du, Lederinterieur, metallisierter Lack, voll ausgestattet ... Nur 100.000 Euro. Ich will ja nicht von deiner Güte profitieren, aber was meinst du dazu?«
»Na ja, wenn du den Wagen willst, dann kauf ihn!«
»Vielen Dank. Apropos, weißt du noch als wir an der Côte d'Azur in den Ferien waren, das Haus auf dem Hügel mit Tennisplatz? Die verkaufen es jetzt für nur 600.000 Euro! Ein echtes Schnäppchen!«
»Und wo ist das Problem? Schlag zu!«
»Liebster, du bist ja so toll! Das ist der schönste Tag meines Lebens. Ich liebe dich. Bis heute Abend!«
»Bis heute Abend, Schatz!«
Der Spieler legt auf, sieht nachdenklich das Handy an, grinst hintersinnig, hebt seine Hand, beginnt mit dem Telefon rumzuwinken und fragt:
»Sagt mal, Jungs: Wem von euch gehört dieses Handy???«

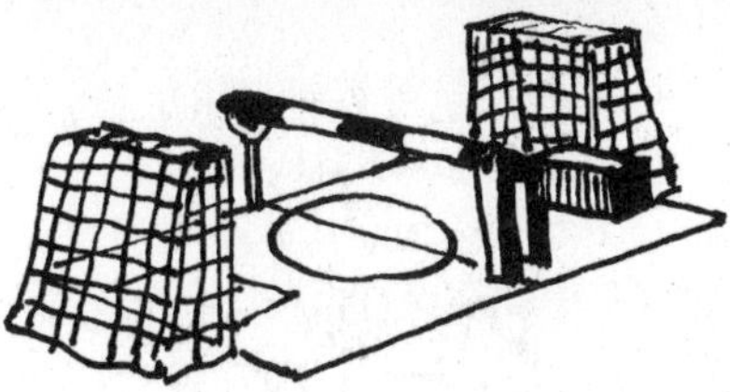

Unterhalten sich Manager, Trainer und Mannschaftskapitän des Champions-League-Aspiranten, was sie mit ihrem Weihnachtsgeld gemacht haben.
Sagt der Manager:
»Ich hab mir eine Jacht gekauft, meine Frau bekam einen Porsche, und den Rest hab ich in Aktien angelegt.«
Darauf der Trainer:
»Bei mir war es ähnlich: Ich hab mir ein Flugzeug gekauft, meiner Frau einen Jaguar und den Rest in Festgeld angelegt.«
Der Mannschaftskapitän erzählt:
»Ich hab mir eine Wohnung in Paris gekauft, meine Frau bekam ein Rennpferd, und den Rest hab ich in Gold investiert.«
Kommt der Platzwart in einem neuen Anzug daher. Fragen ihn die drei, was er mit seinem Weihnachtsgeld gemacht habe. Darauf der Platzwart ganz stolz:
»Ich hab mir einen neuen Anzug gekauft!«
»Und der Rest?«, fragt der Manager.
Antwortet der Platzwart:
»Ach, den hat die Oma draufgelegt.«

Woran erkennt man die Fans von
Borussia Dortmund schon von weitem?
Schwarzer Hals, gelbe Zähne.

Die Putzfrau leert am Abend die Papierkörbe im Büro des Managers eines Bundesligaklubs. Neugierig glättet sie ein Dutzend zerknüllter Briefentwürfe und meint kopfschüttelnd: »Da sieht man's mal wieder. Bei jedem dritten Wort hat die Tippse sich verschrieben. Ein Fehler nach dem anderen! Mann, muss die eine Figur haben!«

Zu später Stunde weiht der Geschäftsführer eines Bundesligavereins den neuen Manager in die Raffinessen des Klubs ein: »Merk es dir gut, mein Lieber, ein Geschäft ist erst dann ein Geschäft, wenn du dem Finanzamt beweisen kannst, dass es gar kein Geschäft war.«

Was haben Autos von Opel und eine
Fußballmannschaft gemeinsam?
Alle 90 Minuten kann man drei Teile auswechseln.

»Weißt du eigentlich, was mit kleinen Jungen passiert, die am Sonntag nicht in die Kirche gehen und stattdessen lieber Fußball spielen?«, fragt der Pfarrer.
»Klar«, sagt Helmut, »wenn sie groß sind, werden sie Profifußballer und verdienen Millionen!«

Der wohlhabende Präsident des Fußballbundesligisten geht auf seinen 65. Geburtstag zu. Er schreibt an alle Freunde und Verwandten, er wolle keine Geschenke, sondern erbäte sich von jedem nur ein schönes Foto. Alle sind begeistert, dass der eigenwillige Herr plötzlich Familiensinn entwickelt und lassen sich in festlichster Kleidung porträtieren.
Der Jubilar klebt die Bilder in ein Album, das er seiner Sekretärin gibt: »Wenn eine dieser Personen jemals vorsprechen sollte, bin ich verreist oder mindestens in einer mehrstündigen Konferenz, auf keinen Fall aber zu sprechen.«

»Treibst du Sport?«, wird Klaus gefragt.
»Na klar«, sagt Klaus, »ich spiele Tennis, Fußball, gehe zum Boxen, reite und mache Leichtathletik.«
»Mensch, das ist ja enorm! Und wann machst du das alles?«
»Morgen fange ich damit an.«

Bei Heidemanns klingelt es an der Haustüre.
Frau Heidemann öffnet und ruft
zu ihrem Mann ins Wohnzimmer:
»Hermann, da ist ein Mann,
der sammelt für den neuen Fußballplatz –
was soll ich ihm geben?«
Dessen Antwort:
»Meine ausgedienten Fußballschuhe!«

Zwei kleine Jungen spielen
selbstvergessen auf der Wiese Fußball.
Plötzlich ruft der eine: »Mensch, Bernd, wir
müssen heim. Es ist schon nach sieben.
Da wird mein Vater wieder Stress machen.«
»Ach was«, sagt sein Kumpel. »Wir spielen noch
eine Stunde weiter. Wenn wir dann heimkommen,
umarmen sie uns, weil uns nichts passiert ist.«

Worin besteht der Unterschied zwischen
dem Lauterer Betzenberg und einer Alphütte?
Es gibt keinen Unterschied!
Beide sind hoch gelegen und in der Winterpause
führungslos.

Drei Hobbyfußballer treffen sich auf dem Bolzplatz neben der Kuhweide, um Eckbälle zu trainieren.
Auf einmal ruft der an der Eckfahne: »Igitt! Ein Kuhfladen!«
Die beiden anderen kommen schnell herbeigeeilt, um das Ding zu begutachten.
Meint der zweite: »Du spinnst ja, das ist Schokoladeneis!«
Sagt der dritte: »Ach, ihr habt doch beide keine Ahnung! Das ist Karamellpudding!«
Meint der erste: »Dann müssen wir halt probieren!«
Er nimmt ein bisschen auf den Finger und probiert.
»Ihh! Ich hab's doch gesagt: Das ist ein Kuhfladen!«
Der Zweite probiert auch und sagt: »Stimmt, hast Recht. Das ist ein Kuhfladen!«
Der dritte probiert ebenfalls: »Ist ja eklig! Das ist ohne Zweifel ein Kuhfladen!«
Darauf sagt der erste: »Hab' ich ein Glück, dass ich da nicht reingetreten bin!«

Einst in Leverkusen ... Rainer Calmund plant einen Flug nach Südamerika, um nach jungen Talenten Ausschau zu halten. Weil er sich nicht persönlich um die Kleinigkeiten kümmern kann, bittet er seinen Assistenten, einen ehemaligen Bundesligaprofi, ihm doch zwei Plätze im Flugzeug reservieren zu lassen, damit er bequem sitzen könne. Am nächsten Tag begrüßt der Assistent seinen Chef:
»Guten Morgen, Chef, Ihren Flug habe ich gebucht, und ich habe sogar noch zwei Fensterplätze bekommen!«

Ein Fan des SC Freiburg auf dem Weg ins Dreisamstadion. Weil das Spiel bald beginnt, nimmt er es mit den Verkehrsregeln nicht so genau und überfährt eine rote Ampel. Prompt wird er von der Polizei angehalten.
»Führerschein, Fahrzeugschein!«, brummt der unfreundliche Polizist, und nachdem er die Papiere gründlich in Augenschein genommen hat:
»60 Euro, mein Herr!«
»Toll!«, antwortet der SC-Fan. Hätte nicht gedacht, dass die Schrottkarre noch so viel bringt. Der Wagen gehört Ihnen!«

Kapitel 9

Fans – es ist so schön, dazuzugehören!

Kurz vor Beginn des brisanten Derbys kommt noch ein Fan atemlos an ein Kartenhäuschen. »Zu spät«, sagt der Kassierer, »das Stadion ist bis auf den letzten Platz ausverkauft.«
»Na gut«, seufzt der Fan keuchend, »dann geben Sie mir eben den!«

Sitzt ein Mann auf der Ehrentribüne und murmelt andauernd vor sich hin. Fragt ihn sein Nachbar: »Warum sagen Sie nur in einem fort ›50.000 Zuschauer, 22 Spieler, ein Schiedsrichter, zwei Linienrichter, zwei Trainer ...‹?«
»Weil die alle da sind«, gibt der Mann mürrisch zurück. »Aber ausgerechnet mir musste der blöde Vogel auf den Kopf machen.«

Am Kassenhäuschen:
»Zwei Eintrittskarten, bitte. Gute Sitzplätze.«
»Tut mir Leid, wir haben aber nur noch Stehplätze.«
»Na gut, aber dann wenigstens zwei nebeneinander.«

»Das letzte Länderspiel war ja 'ne echte Katastrophe. Aber diesmal habe ich es dieser Gurkentruppe gezeigt!«
»Wie das denn?«
»Ich bin vor dem Fernseher eingeschlafen!«

Dialog in der Südkurve:
»Klasse, dieser Kahn! Was der Mann alles hält. Ich finde, zum Keeper muss man geboren sein ...«
»Stimmt! Sonst könnte man ja gar nicht spielen!«

Ein Mann kommt erst zehn Minuten nach Spielbeginn ins Stadion und fragt den Kartenkontrolleur atemlos: »Wissen Sie, wie es steht?«
»Ja.«
»Dankeschön.«

Zwei Dortmund-Fans am Stammtisch:
»Na, Kumpel, wie klappt's mit deiner neuen Selbstständigkeit?«
»Prima, ich kann nicht klagen!«
»Na, dann erzähl doch ma'!«
»Woll, ich arbeite mit Brieftauben. Morgens verkaufe ich sie, und abends sind sie wieder da!«

Treffen sich zwei Fußballfans:
»Na, wie hat dir das Spiel gefallen?«
»Keine Ahnung, das Stadion war ausverkauft, und ich habe nichts gesehen.«
»Aber du bist doch mindestens 1,90 Meter groß?«
»Ja, ich weiß. Aber dummerweise stand ich verkehrt herum und konnte mich in dem Gedränge nicht umdrehen.«

Ehrentribüne. Spricht ein Zuschauer einen anderen an:
»Sie sind wohl zum ersten Mal beim Fußball?«
»Wie kommen Sie darauf?«
»Weil Sie jedes Mal bei einem Einwurf ›Handspiel!‹ rufen ...«

Bundesliga, Zweite Liga, Champions League, UEFA-Cup, Länderspiele – doch eines Tages gibt der Fernseher den Geist auf. Dreht sich der Vater zu seinem Sohn um und sagt erstaunt: »Du meine Güte! Junge, was bist du groß geworden!«

Robert will sich am Kassenhäuschen vor dem Stadion eine Eintrittskarte kaufen. »Das kostet 20 Euro«, sagt die Kassiererin. Robert schiebt ihr einen Zehner hin und antwortet: »Ich interessiere mich nur für die Heimmannschaft.«

Halbzeitpause beim Lokalderby. Max, mit zwei Bechern Bier in der Hand, wird angerempelt. »Mensch, pass doch auf, du Idiot!«, ruft er entrüstet. »Würdest du das eventuell zurücknehmen«, fragt der Tollpatsch, der ihn gestoßen hat. »Nein!«, knurrt Max. Der andere zuckt mit den Schultern und sagt: »Gut, dann ist der Fall für mich erledigt.«

Florian ist zum ersten Mal im Fußballstadion. »Sag mal«, sagt er zu seinem Freund Pit, »warum hat denn der gegnerische Mittelstürmer eine rote Krawatte an?«
»Rote Krawatte? Das ist seine Zunge.«

Zwei Fans sitzen sich im Zug gegenüber. Der eine beginnt ein Gespräch:
»Darf man fragen, wo du hinfährst?«
»Aber klar, von Berlin nach München.«
»Einfach klasse, die moderne Technik, findste nicht?! Du fährst von Berlin nach München und ich von München nach Berlin! Nur dass du so herum sitzt – und ich so herum!«

Zwei Freunde auf dem Fußballplatz. Während der eine gespannt das Spiel verfolgt, blickt der andere alle zwei Minuten nervös hinter sich. Irgendwann wird es dem einen zu bunt:
»Mann, jetzt konzentrier dich mal auf das Spiel. Oder hast du Angst, dass man dein Fahrrad klaut?«
»Irgendwie schon«, entgegnet der. »Deines ist jedenfalls schon seit einer halben Stunde weg ...«

Riesenschlangen an den Kassenhäuschen.
Nur der freche Paul versucht, sich vorzudrängeln.
Ein älterer Herr herrscht ihn an:
»Stell dich gefälligst in der Schlange hinten an!«
»Geht nicht«, erwidert Paul lässig.
»Da steht schon einer.«

Harry kommt grade mal eben zur Mitte
der zweiten Halbzeit ins Stadion.
Ruft sein Freund Erich über drei Reihen
zu ihm hinüber:
»Mensch, Alter, wo warst du denn bis jetzt?«
»Das kann ich dir vor all den vielen Leuten
nicht sagen.«
»Nenn mir wenigstens ein Stichwort!«
»Ausnüchterungszelle!«

Stinksauer verlangt ein Mann bereits zum vierten Mal an der Stadionkasse eine Eintrittskarte. »Ich verstehe das nicht, mein Herr – Sie haben doch schon drei gekauft«, sagt die Kassiererin. »Das weiß ich selbst«, regt sich der Mann auf. »Aber irgendwas stimmt damit nicht. Der Typ am Eingang zerreißt sie mir immer wieder.«

»Sag mal, Tobias, wohin willst du denn mit dem ganzen Holz, das du unterm Arm trägst?«
»Zum Fußballspiel.«
»???«
»Ich will meine Mannschaft anfeuern.«

Fragt ein Zuschauer einen anderen: »Können Sie mir sagen, wo die Gegentribüne ist?«
»Na, da drüben!«
»Das kann nicht sein. Die haben mich gerade hier herübergeschickt …«

Sie sieht sich mit ihm zusammen im Fernsehen ein Spiel an. »Sag mal, Schatz, warum laufen denn die Spieler dauernd hin und her?«
»Damit sie nicht aus Versehen vom Ball getroffen werden.«

»Kommst du mit ins Stadion? Heute ist ein Damenfußballspiel!«
»Seit wann interessierst du dich für Damenfußball?«
»Na ja, nicht wirklich. Aber der Trikottausch nach dem Abpfiff, der hat schon was …«

Karl und Franz plaudern am Stammtisch.
»Hast du mich gestern im Radio gehört?«
»Was, dich? Nein. In welcher Sendung denn?«
»Bei der Fußballübertragung. Ich war im
Stadion und habe ›Tor‹ gerufen!«

Winfried sieht sich in der Glotze
das Länderspiel an und ruft in die
Küche zu seiner Frau:
»Schatzi, bring mir mal ein Bier 'rüber!«
Sie: »Wie heißt das kleine Wort mit den zwei t?«
Winfried überlegt einen kurzen Moment
und sagt: »Aber flott!«

Die beiden Fußballfans
Kai und Fred sind zwei Kerle,
die einiges vertragen können.
Auf dem Heimweg nach einer
feuchtfröhlichen Siegesfeier sagt allerdings
der eine etwas bedrückt zum anderen:
»Mensch, Kai, ich habe ganz schön
Muffe vor meiner Alten, du auch?«
»Nee, nee«, lallt der andere Schwankende,
»nur vor meiner eigenen!«

Stammtischgespräch unter Fußballfans.
Fragt der Paul den Walter: »Du, warum spielst du denn nicht mehr mit Theo Karten?«
Darauf Walter: »Würdest du mit jemandem spielen, der andauernd schummelt?«
»Nein, würd' ich nicht.«
»Schau, das hat der Theo auch gesagt!«

Zwei Fußballfans in der Frühstückspause. »Mensch, gestern Abend war wieder Zoff zu Hause«, beklagt sich Paul bei seinem Kollegen. »Und das nur wegen des Fernsehprogramms. Ich wollte das Länderspiel sehen und meine Frau einen Liebesfilm ...«
»Und, Paul, wie war der Hollywood-Schinken so?«

Geht ein Fan auf den als äußerst wortkarg bekannten Fußballstar zu: »Toll, dass ich Sie treffe«, meint er, »ich habe nämlich mit meinen Kumpels gewettet, dass es mir gelingt, Ihnen mehr als ein Wort zu entlocken!«
Meint der Fußballer: »Verloren!«

Der Platzordner sieht nach Ende des Fußballspiels
einen Jungen über den Zaun klettern.
Er brüllt: »Kannst du nicht da rausgehen,
wo du reingekommen bist?«
Der Junge: »Tu ich doch! ...«

Zwei Schalke-Fans gehen nach einem gewonnenen Derby gegen Dortmund nach Hause. Fragt der eine den anderen: »Wo hast du denn deine neue Uhr gelassen? Vorhin hattest du sie doch noch.«
»Och, die geht immer vor, die ist bestimmt schon zu Hause.«

Erdkundeunterricht in München.
»Wo liegt Bremen?«
»Zurzeit auf Platz fünf!«

»Gestern Nachmittag hat das enttäuschte
Publikum zum Schluss mit faulen Tomaten
und Eiern nach den Spielern geworfen.«
»Aber man hat doch auch
tosenden Applaus gehört!?«
»Ja, stimmt! Nach jedem Volltreffer!«

Warum streuen Ostfriesen vor dem Spiel
Pfeffer auf den Ball?
Damit sie schärfer schießen können!

Bei einem langweiligen Spiel stupst ein Zuschauer seinen Kumpel an: »Schau mal, der berühmte Schauspieler in der Ehrenloge schläft schon!«
»Und darum weckst du mich?«

Was sind die schwersten drei Jahre
im Leben eines 1860-Fans?
Erste Klasse Grundschule!

Morgens in einem mittelständischen Betrieb. Der Prokurist ruft an, er könne nicht kommen, da sein Auto über Nacht geklaut worden sei. Der nächste Anruf: Die Tochter des Sachbearbeiters habe hohes Fieber – auch er sei heute verhindert. Der Lagerarbeiter klagt über extreme Magenschmerzen, und der Pförtner hat sich das Bein verdreht. Da sagt der Geschäftsführer zum Lehrling: »Wenn das so ist, gehen wir eben heute auch zum Lokalderby.«

Ein Fan des SC Freiburg geht morgens zur Arbeit. Dabei kommt er in der Innenstadt an einer Zoohandlung vorbei. Im Schaufenster sitzt ein schwarz-rot-gestreifter Papagei. Der Freiburger guckt das Tier im Vorbeilaufen ziemlich verdutzt an, da er so etwas noch nie gesehen hat – ein Papagei in den Vereinsfarben. Als er fast am Schaufenster vorbei ist, ruft der Papagei plötzlich: »He du ...!«

Daraufhin dreht sich der Freiburger um und muss sich anhören: »... boah, bist du hässlich!«

Der gute Mann ist zwar stinksauer, aber er hat's ja eilig: Er darf nicht zu spät in die Arbeit kommen.

Als er abends wieder an der Zoohandlung vorbeikommt, schaut er den Papagei zornig an, geht aber am Schaufenster vorbei. Und wieder ruft der Papagei: »He du ...!«

Erneut dreht sich der SC-Fan um und bekommt wieder zu hören: »... boah, bist du hässlich!«

Jetzt reicht es dem Mann! Er stampft wütend und mit hochrotem Kopf in die Zoohandlung und beschwert sich beim Händler. Der verspricht ihm, dass er mit dem Papagei reden und ihm klar machen werde, dass er im Wiederholungsfall mit Sicherheit gerupft würde!

Am nächsten Morgen läuft der Freiburger wieder an der Zoohandlung vorbei, grinst den Papagei an,

schneidet Grimassen und versucht, ihn zu ärgern. Schließlich geht er mit einem überlegenen Lächeln weiter.
Plötzlich hört er von hinten: »He du ...!«
Dem Freiburger klappt die Kinnlade runter. Er dreht sich um, sieht den Papagei an. Der zwinkert, lächelt ihm zu und sagt: »... du weißt Bescheid!«

Der Vater und sein dreijähriger Sohn gehen ins Fußballstadion, Stehplatz. Der Kleine sitzt auf den Schultern des Vaters.
Anpfiff. Schon nach fünf Minuten ruft der Bengel: »Foul, Foul, Foul, gelbe Karte, rote Karte, raus mit dem Verbrecher!«
Weitere drei Minuten später: »Aaaaabseits, ganz klar Abseits!«
Kurz drauf: »Elfmeter, ganz klarer Elfer! Schiri, du Blinder!«
Plötzlich nimmt der Vater seinen Filius von den Schultern und versohlt ihm kräftig den Allerwertesten.
Meint ein Zuschauer neben ihm: »Warum das denn, der Kleine versteht doch was vom Fußball.«
Antwortet der Vater sauer: »Ja, ja – Abseits, Foul und Elfer kann er rufen, aber wenn er Pippi muss, sagt er nichts!«

Interessiert schaut der kleine Junge dem Torwart beim Training zu. Um etwas Nettes zu sagen, fragt der Keeper in einer Pause:
»Na? Willst wohl auch mal Torwart werden?«
»Ich nicht, aber mein Bruder, der faule Sack!«

Vater und Sohn kommen zum ersten Mal gemeinsam vom Fußballplatz heim.
Fragt die Mutter: »Na? Wie hat es euch gefallen?«
»Super«, ruft der Kleine begeistert aus, »es gab neun gelbe und zwei rote Karten, zwei Elfmeter, einen Beinbruch, eine Massenschlägerei in der Südkurve und kurz vor Spielende wurde noch der Schiedsrichter von einer Dose am Kopf getroffen!«

Ein kleiner Junge sitzt beim Lokalderby auf dem besten aller Ehrenplätze. Ein Ordner fragt ihn, ob er ganz alleine hier sei. Der Bengel bejaht. Der Ordner fragt, wie er denn hierher käme.
Der Kleine: »Mein Papi ist der Bürgermeister. Der ist noch zu Hause und sucht wohl verzweifelt die Eintrittskarte.«

In einem Zugabteil sitzen eine junge Dame, eine ältere Dame, ein Bayern-Fan und ein Dortmund-Fan – beide eindeutig an ihrer Kleidung zu erkennen. Während einer Tunneldurchfahrt hört man ein lautes Schmatzen und kurz darauf ein heftiges Klatschen. Wieder im Hellen, sitzt der Dortmund-Fan da und hält sich seine rot angelaufene Backe. Was ist passiert?

Die junge Dame schmunzelt und denkt: »Der hat mich mit der Alten verwechselt und hat sich ordentlich eine eingefangen.«

Die ältere Dame denkt: »Brav, das Mädel! Hat Sitte und Anstand und wehrt sich, wenn die Kerls aufdringlich werden.«

Der Dortmund-Fan denkt: »Diese blöden Bayern! Baggert im Tunnel die Kleine an, und mir knallt sie eine.«

Und der Bayer? Der grinst in sich hinein und nimmt sich fest vor: »Im nächsten Tunnel schmatz ich mir wieder auf die Hand und hau dem Schwarz-Gelben noch eine rein.«

Lehrer: »Und, Mäxchen, interessierst du dich für Fußball?«
Mäxchen: »Ja, schon ...«
Lehrer: »Und bist du auch Fan einer Mannschaft?«
Mäxchen: »Ja, 1860 München!«
Lehrer: »Warum bist du denn ausgerechnet 60er-Fan?«
Mäxchen: »Mein Vater ist 60er-Fan, meine Mutter ist 60er-Fan, meine Schwester ist 60er-Fan ...«
Lehrer: »Aber das ist doch kein Grund, mein Junge! Du musst doch irgendwann dein eigenes Leben leben, einen eigenen Willen haben und dir deine eigene Meinung bilden. Es ist nicht gut, immer nur deinen Eltern und Geschwistern alles nachzumachen. Stell dir mal vor, dein Vater wäre ein Gauner, deine Mutter Betrügerin, deine Schwester Taschendiebin ...«
Mäxchen: »... dann wäre ich wohl Bayern-Fan!«

Der kleine Christoph kommt völlig verdreckt vom Fußballplatz nach Hause. Schimpft ihn sein Vater: »Christoph, du bist doch ein Ferkel! Weißt du, was ein Ferkel ist?« »Ja, Papi«, antwortet der Bub, »ein Ferkel ist das Kind von einem Schwein!«

Damenfußball im Fernsehen. Die Stürmerin spielt sich durch, wird aber kurz vor dem Strafraum zu Fall gebracht.
»Die Arme«, sagt einer der Zuschauer vor dem Gerät mitleidig.
»Schon, schon«, antwortet sein Kumpel genießerisch. »Aber erst die Beine!«

Beim Bundesligaprofi läutet das Telefon. Der Trainer ist dran. Ein kleiner Junge hebt ab.
»Hey Kleiner«, sagt der Trainer ungeduldig, »kann ich mal deinen Vater sprechen?«
Der Junge flüstert: »Geht nicht. Der ist beschäftigt.«
Ärgerlich, denkt sich der Trainer. Aber er nimmt einen neuen Anlauf.
»Kann ich denn wenigstens mal deine Mutter sprechen?«
Der Junge, weiterhin ganz leise: »Geht nicht. Die ist auch beschäftigt.«
Langsam wird's dem Trainer zu bunt.
»Ist denn sonst noch jemand da?«
Der Junge flüstert: »Ja, die Oma, aber die ist auch beschäftigt.«
»Ja, um alles in der Welt, was machen denn die alle?«
»Die suchen mich ...«

Kommt ein Mann zu seinem Stammfriseur.
Fragt der:
»Wie hätten Sie es denn heute gern? Soll ich Ihren Lieblingsverein loben oder über ihn herziehen?«

Der Mitarbeiter kommt nach dem Urlaub ins Büro. Sagt der Kollege:
»Na, du schaust aber erholt aus. Ganz dicke Backen hast du bekommen. War denn die Verpflegung so gut?«
»Von wegen! Ich musste den Kindern immer den Fußball aufblasen.«

Ein Mann geht an einem Gartentor vorbei, an dem ein Schild hängt: »Sprechender Hund zu verkaufen.« Der Mann denkt sich: »Den Typen, der das geschrieben hat, musst du kennen lernen.«
Als er an der Tür klingelt, öffnet ein ganz normal aussehender Mann.

»Sie haben also einen sprechenden Hund zu verkaufen?«, fragt er.
»Bitte, kommen Sie herein und sehen Sie ihn sich an.«
Im Hof liegt hechelnd eine mittelgroße Promenadenmischung, und der Besucher wird aufgefordert, sich mit dem Hund zu unterhalten. Interessiert fragt er:
»Du kannst also sprechen?«
Der Hund antwortet ganz lässig:
»Klar, ich habe diese Begabung von mir schon in jungen Jahren bemerkt und entschlossen, mich weiterzubilden. Ich wurde Polizeihund auf Schalke, hab' auch mal 'nen Spieler in den Hintern gebissen. Aber dann wurde mir die Sache mit all den Hooligans zu aufreibend, und ich hab mich hier zur Ruhe gesetzt und eine Familie gegründet ...«
Der Besucher glaubt nicht, was er da hört, und fragt begeistert, was das Tier denn kosten solle.
Der Inhaber sagt: »20 Euro.«
»20 Euro?!? Der Hund kann sprechen! Damit kann man ein Vermögen machen!«
Der Verkäufer jedoch antwortet:
»Schön wär's. Der Hund lügt wie gedruckt! Die ganze Geschichte ist von vorne bis hinten erfunden.«

Wegen nächtlichen Randalierens nach einem Heimspiel muss sich ein Anhänger von Borussia Dortmund vor Gericht verantworten.

Richter: »Angeklagter, wann arbeiten Sie eigentlich?«

»Dann und wann.«

»Und was?«

»Dies und das.«

»Und wo?«

»Hier und dort.«

»Gut, Sie kommen ins Gefängnis.«

»Und wann werde ich wieder entlassen?«

»Früher oder später.«

Die Frauenbeauftragte des Deutschen Bundestages schickt ein Rundschreiben an alle Bundesligavereine mit der Bitte, das heimische Stadion doch endlich mal nach einer Frau zu benennen. Der einzige Verein, der sich meldet, ist Schalke 04. Der Schalke-Präsident teilt der Dame am Telefon stolz mit, dass er sich entschlossen habe, ihrem Wunsch nachzukommen. Hocherfreut fragt sie:

»Wie soll das Stadion denn jetzt heißen?«

»Dem-Ernst-Kuzorra-seine-Frau-Stadion!«

Der kleine Martin soll einen Schulaufsatz über ein Fußballspiel schreiben, aber ihm fällt nichts ein. Dann hat er doch eine Idee und schreibt: »Der Platz war leider nicht bespielbar.«

Was ist der Unterschied zwischen einem Transportunternehmen und Hertha BSC? Das Transportunternehmen hat mehr Anhänger.

Kapitel 10

Fußball ist völkerverbindend

Schotte an der Kasse des Stadions:
»Was kostet ein Sitzplatz?«
»Zwanzig Shilling.«
»Und ein Stehplatz?«
»Zehn Shilling.«
»Gut, dann nehme ich eine Karte für fünf Shilling.
Ich bleibe dann auf einem Bein stehen!«

Was heißt »Elfmeter« auf Holländisch?
»Voorbeijj!«

Nach dem Sieg strahlt der schottische Trainer:
»Tolles Spiel, Jungs. Dafür habt ihr euch alle
eine Erfrischung verdient. Mike, mach sofort
alle Fenster auf!«

Ein Holländer kommt in einen Buchladen
und sagt: »Ich hätte gerne das Buch
›Holland Weltmeister 2006‹.«
Der Verkäufer: »Science-Fiction finden
Sie in der zweiten Etage!«

»Wieso pfeift denn dieser
Schiedsrichter auf den Fingern?«
»Er ist aus Schottland ...«

»Ich finde es sehr beruhigend, dass die Bundesliga wieder losgegangen ist – dann haben die Spieler keine Zeit mehr, uns im Ausland zu blamieren!«

Auf einer Schiffsreise während einer
Tournee durch Griechenland gerät das
Schiff des Bundesligisten in einen Sturm.
Alle Spieler leiden an Übelkeit und
müssen sich übergeben.
Ausnahme: der schottische Innenverteidiger.
Fragt ihn kreidebleich der Torwart:
»Wie machst du das, dass dir nicht schlecht wird?«
»Ganz einfach: Penny in den Mund und fertig.«

Ein tschechischer Nationalspieler beim Augentest wegen eines Vereinswechsels in die Bundesliga. Man hält ihm die Buchstabentafel vor, auf der steht: C Z W X N Q Y S T A C Z, und fragt ihn:

»Können Sie das lesen?«

»Lesen?«, ruft der Tscheche erstaunt aus, »ich kenne den Kerl! Der spielt bei uns im Tor!«

Die österreichische Nationalmannschaft kassiert eine Viertelstunde vor Schluss das 0:13. Wirft der Trainer einen Blick auf die Uhr und sagt tonlos: »Das war's jetzt wohl endgültig!« Raunt ihn sein Mannschaftskapitän im Vorbeigehen an: »Sie immer mit Ihrem seltsamen Aberglauben!«

Fußballweltmeisterschaft:

»Warum rennen denn alle so hinter dem Ball her?«

»Na, wer die meisten Tore schießt, wird Weltmeister.«

»Und die anderen?«

»Die natürlich nicht.«

»Und warum rennen die dann so?«

Fußball-Länderspiel:
»Wer spielt denn heute?«, fragt der alte Graf.
»Österreich Ungarn.«
»Und gegen wen?«

Was ist der Unterschied zwischen einem deutschen Bier und einem holländischen Elfmeter?
Ein deutsches Bier geht immer rein!

Was bekommt man eigentlich in Holland, wenn man nicht Fußball spielen kann?
Ein orangefarbenes Trikot ...

Zwei ehemalige deutsche Fußballstars, die sich ihre Brötchen in der US-Liga verdienen, im Gespräch.
Sagt der eine: »Du, ich habe gehört, dass es hier in den Vereinigten Staaten Schnuller mit viereckigen Mundstücken gibt. Stimmt das?«
Sagt der andere nachdenklich: »Hmmm, ich glaube schon. Das ist wohl, damit die Babys rechtzeitig an Pommes gewöhnt werden!«

Lothar Matthäus während des Trainings
bei den New York Metrostars. Plötzlich bekommt
er Bärenhunger. Er joggt mal eben in ein
Schnellrestaurant und sagt:
»Ich hätte gerne ein halbes Hähnchen!«
Fragt die Verkäuferin, die ihn nicht versteht:
»Chicken?«
Lothar: »Nein, nicht schicken, ich nehm's
gleich mit ...«

Wie lange dauert ein Fußballspiel
zwischen Kolumbien und Jamaika?
Keine fünf Minuten, weil dann die
Kolumbianer die Linien schnupfen
und die Jamaikaner das Gras rauchen.

Vor der Euro-Umstellung:
Lothar Matthäus, Andreas Herzog und Roberto Baggio gewinnen groß im Spielcasino von Monaco. Matthäus teilt das Geld auf: »10.000 Mark für mich, 10.000 Schilling für den Andi und 10.000 Lire für Roberto.«
Auf der Toilette sagt Baggio zu Herzog: »Eins muss man ihnen lassen – fair sind sie ja, die Deutschen!«

Schottisches Pokalfinale. Der Siegerelf winkt ein schöner vergoldeter Pokal. Für die Verlierer gibt es pro Mann hundert Pfund. Das Spiel endet 1:0. Der Treffer fällt durch ein Eigentor in der 90. Minute.

Als Lothar Matthäus in die USA wechselt,
sagt sein Manager: »Wenn du in Amerika bist,
musst du immer ganz langsam und deutlich sprechen, dann verstehen die dich auch.«
An seinem ersten Tag in einer New Yorker
Kneipe sagt Lothar zum Kellner:
»Ein-Wei-zen-bier-bit-te!«
Darauf erwidert der Kellner:
»Sie-kom-men-wohl-aus-Deutsch-land-ich-auch.«
Lothar antwortet erleichtert:
»Ja, wenn wir beide aus Deutschland kommen,
warum reden wir dann Englisch miteinander?«

Die berühmten Wiener Aristokraten
Graf Bobby und Graf Rudi unterhalten sich.
»Geh, Rudi, wie ist denn die Partie Rapid
gegen Tirol ausgegangen?«
»0:0, Bobby.«
»Interessant. Und für wen?«

Fußballspiel in einem schottischen Dorf.
Platzwahl. Der Schiedsrichter wirft eine Münze in die Luft. 400 Verletzte.

Was ist das?
Es ist gelb, hat 22 Beine und zwei Flügel.
Eine chinesische Fußballmannschaft!

Vor dem Fall des Eisernen Vorhangs. Ein berühmter russischer Fußballnationalspieler setzt sich in den Westen ab.
Sofort wird er von Reportern bestürmt:
»Wie ging es Ihnen in der Sowjetunion?«
»Ich konnte mich nicht beklagen.«
»Wie war Ihre Entlohnung?«
»Ich konnte mich nicht beklagen.«
»Hatten Sie ein schönes Haus?«
»Ich konnte mich nicht beklagen.«
»Wie waren die Trainingsmethoden?«
»Ich konnte mich nicht beklagen.«
Da platzt einem der Reporter der Kragen:
»Ja, verflixt noch mal, wieso sind Sie dann überhaupt in den Westen geflohen?«
»Hier kann ich mich beklagen.«

Die Mannschaft hatte ein Freundschaftsspiel in Trondheim. Als einer der Spieler nach Hause kommt, fragt seine Frau: »Und? Hast du in Norwegen auch die Fjorde gesehen?«
»Klar«, antwortet er lässig. »Obwohl die ja so was von scheu sind ...«

Zwei schottische Brüder erfahren, dass ihre Großmutter erkrankt ist. Sie beschließen, dass einer der beiden ins Krankenhaus fahren soll. »Du telegrafierst mir gleich, wie es ihr geht«, sagt der andere. »Aber vergiss nicht: Man kann zehn Worte für einen Schilling senden!«
Am anderen Tag erhält er folgendes Telegramm: »Very sorry! Oma leider tot! Celtic und Rangers spielen unentschieden!«

Der Spieler kommt von der UEFA-Cup-Partie aus England zurück. An der Tür fragt ihn sein Sohn: »Papi, hast du mir auch die Mixed Pickles mitgebracht, um die ich dich gebeten habe?«
»Tut mir Leid«, gesteht der Vater zerknirscht. »Mir ist um alles in der Welt nicht eingefallen, was Mixed Pickles auf Englisch heißt ...«

Zwei russische Multimilliardäre auf der Ehrentribüne bei einem Spiel der englischen Premiere League. Es entspinnt sich folgender Dialog – gaaanz langsam:

Der erste: »Spielen die Mannschaften gut?«

Darauf der Andere: »Die Weißen spielen gut!«

»Und die Roten?«

»Die auch.«

»Geben sie auch alle ihr Bestes?«

»Die Weißen geben ihr Bestes.«

»Und die Roten?«

»Die auch.«

»Wer wird wohl gewinnen?«

»Die Weißen haben eine gute Chance.«

»Und die Roten?«

»Die auch.«

»Sagen Sie: Warum reden Sie eigentlich immer nur von den ›Weißen‹?«

»Weil die meine sind.«

»Und die Roten?«

»Die auch ...«

Wann sagt der japanische Bundesligastürmer »guten Morgen«?
Wenn er Deutsch kann!!!

»Stell dir vor«, erzählt ein Schotte seinem Freund, »gestern ist doch tatsächlich unser Fußballverein aufgelöst worden. Dabei besteht er nun seit fast 30 Jahren.«
»Wieso das denn? Gab es Ärger?«, will der andere wissen.
»Eigentlich nicht. Wir haben nur unseren Ball verloren ...«

Warum haben holländische Jugendliche so große Ohren?
Weil ihre Eltern sie im Jahr 2002 an der Grenze an den Ohren hochgehoben und gesagt haben: »Kuck mal, die sind dabei!«

Nach seinem Urlaub wird Toni Polster von einem Mannschaftskollegen gefragt: »Und Toni, wie war es auf Hawaii?«
Toni erzählt: »Sonne, Strand, Palmen, schöne gebräunte Menschen ... nur das Wellenreiten hat keinen Spaß gemacht.«
»Wieso, gab es keine Wellen?«, fragt sein Kumpel.
»Schon, aber das Pferd wollte nicht ins Wasser.«

Warum tut jeder Mannschaft der Welt
eine Niederlage gegen die Engländer
ganz besonders weh?
Ganz einfach: Die werden so eingebildet,
dass sie nach einem Sieg auch noch glauben, sie könnten kochen.

Die Bundesliga-Elf tritt auf dem schwarzen Kontinent zu einem Freundschaftsspiel an. Während der Partie schreien die Eingeborenen dauernd:
»Umpa! Umpa!«
Die Mannschaft freut sich über die eigenwillige Anfeuerung, kickt aber ihren Stiefel runter, das Spiel endet 0:0, und später macht man sich auf den Weg zum Hotel. Dort tritt der Mannschaftskapitän beinahe in den Riesenhaufen eines Nashorns. Darauf sein einheimischer Führer:
»Vorsicht, Bwana. Da liegt Umpa.«

Warum spielt man in Österreich
bei jedem Fußballspiel nur eine
Halbzeit lang?
Weil die Österreicher nicht wissen,
wie sie den Platz umdrehen sollen.

Holland steht wieder einmal vor einem wichtigen Länderspiel gegen Deutschland. Der holländische Trainer zu seinen Spielern in der Umkleidekabine: »Hört zu, Jungs, ich weiß, ihr mögt die Deutschen nicht. Aber wir müssen gegen sie spielen, das sind nun mal die Regeln.«
Darauf Stürmerstar Ruud van Nistelrooy: »Ich mach euch einen Vorschlag. Ihr geht alle in die Kneipe, und ich spiele alleine gegen sie. Was meint ihr dazu?«
Trainer und Spieler sind einverstanden und gehen in die nächste Kneipe, trinken Bier und spielen Billard. Nach gut einer Stunde erinnert sie der Trainer daran, dass ja das Spiel läuft, und schaltet den Fernseher an: Auf der Anzeigetafel steht: »Holland 1 (van Nistelrooy 8. Minute) Germany 0«.
Zufrieden widmen sie sich wieder Billard und Bier. Nach einer weiteren Stunde betrachten sie das Endresultat. Jetzt ist zu lesen: »Holland 1 (van Nistelrooy 8. Minute) Germany 1 (Klose 90. Minute)«.
»So ein Mist!«, rufen die Holländer und rennen entsetzt ins Stadion. Dort sitzt der gute van Nistelrooy in der Garderobe, heulend das Gesicht in den Händen vergraben.
»Was in aller Welt ist passiert, Ruud?«, brüllt der Trainer.

»Tut mir Leid, Leute«, antwortet der Stürmerstar, »aber dieser blöde Schiedsrichter hat mich in der neunten Minute vom Platz gestellt!«

Warum haben 2002 die holländischen Monarchen geheiratet?
Ja, wann denn sonst? Sonst war ja in jenem Jahr nicht viel geboten ...

Der chinesische Bundesligaprofi kommt zum ersten Mal in eine deutsche Kneipe und bestellt sich ein Bier. Der Kellner bringt das Bestellte und stellt es auf einen Bierdeckel auf den Tisch. Nach kurzer Zeit bestellt der Chinese wieder ein Bier. Der Kellner füllt das Glas erneut auf, will es vor den Gast stellen, aber der Bierdeckel ist weg. Also legt er einen neuen unter das Bier. Nach einer Weile bestellt der Chinese sein drittes Bier. Wieder ist der Bierdeckel weg.
Murmelt der Kellner: »Dem bringe ich nicht schon wieder einen Bierdeckel.«
Darauf der Chinese: »Wo bleibt Keks?«

Der FC Bayern München schickt seine Scouts in alle Ecken der Welt, um brauchbare Talente zu verpflichten. Einer dieser Talentsucher informiert die Mannschaftsführung, dass er in Afghanistan eine 17-jährige Riesenbegabung entdeckt habe. Manager und Trainer fliegen daraufhin nach Kabul, überzeugen sich von den Qualitäten des Jungen und verpflichten ihn auf der Stelle.

Zwei Wochen später spielt Hansa Rostock im Olympiastadion, und die Bayern liegen 20 Minuten vor Schluss 0:3 zurück. Der Trainer setzt alles auf eine Karte und bringt den Youngster vom Ende der Welt. Das kleine Kerlchen macht mit der Elf von der Ostsee, was er will, schießt in der letzten Viertelstunde vier Traumtore und verhilft den Bayern noch zum 4:3-Sieg.

Nach Spielende greift er zum Handy und ruft seine Mutter an: »Mutti, ich durfte heute 20 Minuten mitspielen, wir lagen 0:3 zurück, aber ich habe mit vier Toren das Spiel noch umgebogen. Wir haben gewonnen, Mutti! Alle lieben mich hier! Fans, Mitspieler, Medien ...«

»So, so«, sagt die Mutter kühl.« Schön für dich. Aber jetzt werde ich dir über unseren Tag berichten. Dein

Vater wurde auf der Straße angeschossen, deine Schwester und ich sind verprügelt und ausgeraubt worden, deinem kleinen Bruder hat man den Schulranzen geklaut. Auch dein mittlerer Bruder wurde geschlagen, und dein großer Bruder ist jetzt Mitglied einer Straßenbande!«
Dem jungen Spieler verschlägt es die Sprache: »Ja, was soll ich sagen, Mami, das tut mir wirklich schrecklich Leid ...«
»Es tut dir Leid? Es tut dir Leid?!? Es ist verdammt nochmal DEINE Schuld, dass wir nach München umgezogen sind!«

Toni Polster und Andreas Herzog fahren im
Auto übers Land. Plötzlich sehen sie einen Bauern
auf der Straße Pferdeäpfel zusammenkehren.
Andreas Herzog tritt auf die Bremse,
hält an und fragt den Bauern:
»Guter Mann, wofür brauchen Sie die
Pferdeäpfel?«
Antwortet der Bauer:
»Die kommen auf die Erdbeeren!«
Sagt Andi Herzog zu seinem Kumpel:
»Schau Toni, es muss nicht immer
Schlagsahne sein!«

Andi Herzog bekommt von seinen Mannschaftskollegen ein ganz besonderes Geburtstagsgeschenk. Zu Ehren ihres Kapitäns haben sie eigens die Wiener Philharmoniker einfliegen lassen, um ihm ein Geburtstagsständchen darzubieten.
»Eine Frage hätte ich noch, Herr Herzog«, begrüßt ihn der Dirigent, »wie hätten Sie's denn gern? A-Moll oder c-Moll?«
»Amol reicht, zehnmol wär scho a bisserl vül!«

Warum spielen Ostfriesen auf einem kleineren Spielfeld?
Weil sie glauben, dass dann das Spiel kürzer ist.

David Beckham besucht während der Fußball-Weltmeisterschaft einen Friseursalon in Berlin. Die junge Frisörin freut sich über den prominenten Besuch und versucht sofort, mit dem Star ins Gespräch zu kommen: »Sie sind doch dieser Fußballstar aus England. Bestimmt sind Sie wegen der Weltmeisterschaft hier.«
Beckham blickt die junge Frau verständnislos an: »Äh, sorry, no! Ich wollte mich nur frisieren lassen.«

Winnetou, Old Shatterhand und Tony Polster sitzen nachts in der Prärie am Lagerfeuer. Plötzlich raschelt es im Gebüsch. Winnetou steht auf, nimmt sein Gewehr und geht ins Gebüsch. Ein Knall.
Winnetou kommt wieder zurück und setzt sich ans Lagerfeuer. Ein paar Minuten später wieder ein Rascheln im Gebüsch. Old Shatterhand steht auf, nimmt sein Gewehr und schleicht ins Gebüsch. Wieder ein Knall.
Old Shatterhand kommt zurück und setzt sich ans Lagerfeuer.
Einige Minuten danach wieder ein Rascheln im Gebüsch. Tony Polster steht auf, nimmt sein Gewehr und tappt ins Gebüsch. Ein Knall. Noch ein Knall.
Da sagt Old Shatterhand zu Winnetou: »Siehst du, das hab' ich mir gleich gedacht. Der Tony tritt zweimal auf die Harke.«

Was sagte der russische Milliardär und stolze Besitzer mehrerer Fußballvereine, als er zum ersten Mal in seinem Leben ein Fußballspiel sah? »Was streitet ihr euch alle um den einen Ball? Ich kaufe jedem von euch einen!«

Andi Herzog, Lothar Matthäus und David Beckham gehen in den Urwald. Sie schließen eine Wette ab, wer wohl die meisten Tiere erlegt. Nach zwei Stunden treffen sie sich wieder, aber Beckham fehlt. Fragt Andi Herzog Lothar Matthäus: »Was hast du denn alles geschossen?«
Matthäus antwortet ganz stolz: »Zwei Affen, eine Gazelle, einen Papagei und ein Zebra.«
Andi Herzog grinst: »Da war ich aber besser. Ich habe drei Affen, zwei Schlangen, drei Kakadus und ein Noplies.«
Fragt Lothar Matthäus: »Was um alles in der Welt ist denn ein Noplies?«
»So genau weiß ich das auch nicht«, sagt Andi Herzog. »Irgendwie kam es mir bekannt vor. Und kurz bevor ich abdrückte, schrie es etwas, das klang eben so wie ›Noplies ...!‹«

Kapitel 11

Fußball und Liebe – zwei Welten …

Zum ersten Mal geht das frisch verliebte Pärchen gemeinsam ins Stadion. Sie hat keine Ahnung, und er erklärt ihr alles.
»Schau mal, der da vorn, das ist der neue Klasse-Verteidiger, der Phillip Lahm!«
»Welcher?«
»Na, die ›Zwei‹!«
»Ah ja! Komisch – ich dachte, der Lahm wäre nur einer ...«

Nachwuchskicker Hugo bestürmt seine Angebetete:
»Liebste, möchtest du mich heiraten?«
»Schon möglich, aber nur, wenn dein Einkommen viele Nullen hat!«
»Prima – es enthält nur Nullen!«

Klaus kommt montags ins Büro.
An seiner Hand: ein Ehering.
»Was ist das denn?«, wundert sich seine Kollegin Moni. »Du hast zwar erzählt, dass du am Wochenende auf einer Hochzeit warst – aber ich dachte: als Trauzeuge!«
»Tja«, sagt Klaus. »Im Prinzip schon. Aber weil der Bräutigam in letzter Minute eine Karte fürs Lokalderby bekommen hat, bin ich halt eingesprungen ...«

»Ach, ich liebe sportliche Frauen», sagt der Scheich. »Erst kürzlich habe ich eine Damenfußballmannschaft geheiratet.«

»Na«, lächelt die Mutter ihrer 17-jährigen Tochter zu, »wie war es denn gestern bei deinem Freund?«
»Du bist gemein, Mami«, schmollt die. »Du hast mich doch nur deshalb zu ihm gehen lassen, weil du wusstest, dass im Fernsehen ein Länderspiel übertragen wird.«

Eine Frau steht deprimiert
in der Parfümerie und sagt zur Verkäuferin:
»Geben Sie mir etwas, was nach Fußball riecht.«

»Also ich verstehe nicht, wieso du
jeden zweiten Samstag zum Fußball
gehen musst«, nörgelt die Ehefrau.
»Eben«, kontert ihr Gatte. »Bei Sachen, die man
nicht versteht, soll man sich heraushalten!«

Die süße Susi begleitet ihren neuen Freund zum ersten Mal zu einem Fußballspiel. Weil sie aber nicht rechtzeitig fertig geworden ist, kommen sie fast eine Stunde zu spät.
Fragt er reichlich angesäuert einen anderen Zuschauer: »Und? Wie steht's?«
»Null zu null.«
Susi triumphierend: »Siehst du! Wir haben nichts verpasst!«

»Sag mal, Schatz: Was bedeuten
denn die Nummern hinten auf
den Trikots der Spieler?«
»Das ist ihr Intelligenzquotient.«

Jörg sitzt vor dem Fernseher:
»Nicht schlecht, das Spiel. Leider fehlen die Tore.«
Blickt seine Frau kurz vom Häkeln auf und sagt:
»Bist du blind? Sogar ich als Laie sehe zwei!«

Mittelstürmer Theo zu seiner Angebeteten:
»Oh, Darling, meine Liebe zu dir ist so groß,
dass sie Berge versetzen könnte.«
Darauf sie schlagfertig: »Wenn das so ist,
mein Guter, dann hilf mir doch nächste
Woche beim Umzug!«

Fragt der modebewusste Superstar seine Freundin: »Schatzi, wirst du mich auch noch lieben, wenn ich irgendwann graue Haare habe?«
»Natürlich, Liebling. Ich hab' dich doch auch geliebt, als deine Haare schwarz, rot und blond waren!«

Beschwert sie sich bei ihm: »Ich habe ja nichts dagegen, dass du ausgiebig die deutsche Meisterschaft deines Vereins feierst. Aber das ist schon wieder zwei Spielzeiten her!«

Nach dem Match kommt der Ehemann ziemlich lädiert nach Hause. Blaue Flecken, zerrissene Klamotten, blutige Kratzer im Gesicht, den Arm in der Schlinge. Seine Frau ist entsetzt.
»Wie siehst du denn aus?«
»Na und?«, faucht er. »Ich kann mich doch wohl im Fußballstadion unterhalten, wie ich will!«

Dienstagabends bei Müllers. Sie mosert: »Champions League, Champions League, immer wieder ist dienstags Champions League, wenn ich ›In aller Freundschaft‹ sehen will ...«
Muffelt er zurück: »Ist doch eh immer das Gleiche ...!«
Kontert sie: »Bayern München gegen Real Madrid auch!«

Sie schaut sich mit ihm im Fernsehen die Zusammenfassung des Bundesligaspieltages an.
»War ein interessanter Spieltag«, befindet er.
»Stimmt«, bestätigt sie. »Ich kannte weder die neue Schokoladensorte noch das tolle Cabrio, das sie in der Werbepause gezeigt haben ...«

»Also, was da noch Sport sein soll, wenn die Spieler schon mit Beilen aufeinander losgehen«, empört sich die Ehefrau, die in der Küche mit einem Ohr die Fußballübertragung mithört.
»Schatz, wenn der Reporter von ›Holzen‹ spricht, dann meint er das nicht wörtlich«, erwidert ihr Mann geduldig.
Zwei Minuten später wieder der Kommentar aus der Küche: »Da! Schon wieder! Gerade hat er gesagt: ›Jetzt trifft er mit der Hacke‹!«

Nach dem Abendessen sieht sie ihren Mann
zärtlich an und sagt: »Wenn du magst, kannst du
morgen Nachmittag gern ins Stadion gehen.«
»Ich denk' ja gar nicht dran!«, nörgelt er zurück.
»Wieso das denn? Ich dachte, morgen
ist ein wichtiges Spiel?«
»Ich will auch mal meinen Kopf durchsetzen.«

Linksaußen Nico macht mit seiner Angebeteten ein Picknick im Wald. Fragt er: »Was würde wohl diese Eiche sagen, wenn sie sprechen könnte?«
Antwortet sie: »Sie würde wohl sagen:
Ich bin ein Ahorn!«

Fußballfan nach der Sauftour am vergangenen Spieltag entschuldigend zu seiner Frau: »Schatz, sei bitte nicht mehr böse, dass ich gestern betrunken war und mit einem blauen Auge nach Hause gekommen bin.«
»Ist schon gut. Übrigens hattest du noch kein blaues Auge, als du nach Hause gekommen bist ...«

Länderspiel, ausverkauftes Stadion, nur ein Sitzplatz auf der Tribüne bleibt leer. Der Besitzer der Karte erlaubt einem Zuschauer, der nur eine Stehplatzkarte ergattern konnte, sich zu setzen. »Wissen Sie«, erklärt er, »die Karte habe ich für meine Frau gekauft, aber die ist vor drei Tagen plötzlich gestorben.«
»Hätten Sie die Karte denn nicht an Freunde oder Verwandte verkaufen oder verschenken können?«
»Das ging leider nicht, die sind doch alle heute auf der Beerdigung.«

Die frisch vermählte junge Frau des Fußballprofis zu ihrem Ehemann: »Schatz, ich muss gleich mal ausprobieren, wie sich mein neuer Name schreibt. Gibst du mir mal das Scheckbuch?«

Zwei Fans treffen sich. Jammert der eine: »Stell dir vor, meine Frau will sich scheiden lassen, wenn ich nach wie vor jedes Wochenende zum Fußball gehe.«
»Das ist aber schlimm.«
»Ja, schon, sie wird mir doch irgendwie fehlen.«

Christiane ist sauer auf ihren Mann. »Du liebst den Fußball mehr als mich«, schimpft sie.
»Das kann schon sein«, gibt der zu, »aber dafür liebe ich dich mehr als Formel-1-Rennen und Skispringen ...«

Der neue Spieler ist zu Besuch bei seinem Mannschaftskapitän und dessen Frau. Die ganze Zeit nennt der seine Frau nur »Süße«, »Baby«, »Darling« usw. Als die beiden Männer mal kurz allein sind, lobt der Gast:
»Ich finde das toll, dass du deiner Frau immer noch so zärtliche Koseworte gibst. Ihr seid doch schon eine ganze Weile zusammen.«
»Was bleibt mir übrig?«, sagt der andere. »Ich habe vor einiger Zeit ihren Namen vergessen ...«

Ein Fußballprofi erkundigt sich beim Finanzamt: »Stimmt es, dass man Renovierungskosten von der Steuer absetzen kann?«
»Kommt darauf an, was Sie renovieren lassen wollen«, erklärt der Finanzbeamte.
»Meine Frau will auf die Schönheitsfarm!«

»Langsam reicht es mir«, schimpft die Frau des Fußballfans. »Du rennst zu jedem Fußballspiel, lässt keine Sportübertragung aus und kennst alle Spielergebnisse auswendig. Aber ich möchte wetten, dass du unseren Hochzeitstag nicht weißt!«
»Doch«, wehrt er sich. »Das war, als Freiburg gegen Wolfsburg mit 3:1 gewann.«

Zwei Fußballfans in der Kneipe.
Sagt der eine: »Bei euch zu Hause ist grade wieder dicke Luft, weil du zu oft ins Stadion gehst, was?«
»Stimmt. Wenn ich betrunken vom Spiel heimkomme, hält meine Frau sogar dem Hund den Schwanz fest, damit er nicht vor Freude wedelt.«

Der bekannte Stürmer baggert eine attraktive Blondine in der Disco an. Er redet und redet, und alles dreht sich um Fußball. Als er das merkt, sagt er: »Süße, ich stelle gerade fest, dass ich die ganze Zeit nur von mir erzähle. Jetzt möchte ich auch mal ein bisschen was über dich erfahren! Hast du denn mein Traumtor letzte Woche im Fernsehen gesehen?«

Der Spieler hat seinen Koffer für die Länderspielreise gepackt. Mit einem zärtlichen Kuss verabschiedet sich seine Frau von ihm, winkt ihm nach und ruft ihm zu: »Soll ich dir die Post wie immer ins Krankenhaus nachschicken?«

Der Nationalspieler will, bevor er sich ewig bindet, lieber auf Nummer Sicher gehen: Er beauftragt unter einem falschen Namen einen Detektiv, den Ruf seiner Frau zu überprüfen. Nach wenigen Tagen erstattet der Schnüffler Bericht. »Alles einwandfrei, Ihre Zukünftige hat eine weiße Weste. Aber es hat sich rumgesprochen, dass sie in letzter Zeit mit einem ziemlich bekannten Fußballer ausgeht, und der hat wirklich keinen guten Ruf!«

»Schatzilein, ich habe heute eine Lebensversicherung abgeschlossen«, verkündet stolz der Bundesligaspieler.
Sie bitterböse: »Das ist wieder einmal typisch! Immer denkst du nur an dich!«

Zwei Kicker unter der Dusche:
»Du warst doch gestern mit Sylvia und Simone aus. Hast du Erfolg gehabt?«
»Ja und nein.«

Spielerfrauen unter sich:
»Anita, machst du mit Rolf eigentlich keine Wanderungen mehr?«
»Nein, das letzte Mal ist er einfach zu weit gegangen!«

Eines Samstagabends kurz vor dem Länderspiel. Sagt der Mann zu seiner Frau: »Heute ist ein schöner Tag! Deutschland spielt gegen Holland.«
»Na und?!«, erwidert die Frau.
»Du hast doch gesagt, du würdest mich eines schönen Tages verlassen.«

»Das Fußballspiel war Klasse!«, erzählt die kecke Moni ihrer Freundin.
»Ich war mit 10.000 Männern allein im Stadion.«
»Und dann?«
»Dann fiel das Flutlicht aus!«

Unterhalten sich drei Fußballerfrauen:
Sagt die erste:
»Mein Mann hat mir ein Buch geschenkt,
und ich kann doch gar nicht lesen!«
Ergänzt die zweite:
»Der Meine hat mir ein Schreibset geschenkt,
und ich kann doch gar nicht schreiben!«
Seufzt die dritte:
»Und mein Mann hat mir einen
Deoroller geschenkt, und ich habe
gar keinen Führerschein!«

Ein Anhänger des SC Freiburg möchte seiner Freundin eine Freude bereiten und kauft sich ein Kochbuch. Als er es zu Hause aufschlägt und zu lesen beginnt, schleudert er es in die Ecke und murmelt wütend vor sich hin: »So ein Mist! Gleich am Anfang steht: Man nehme einen sauberen Topf ...«

Ein Fußballfan steht wegen Mordes vor Gericht. Der Richter sagt: »Sie werden beschuldigt, während der Fußballübertragung mit einem Hammer auf Ihre Frau eingeschlagen zu haben, bis der Tod eintrat!« Da ruft jemand von den hinteren Bänken: »Du Mistkerl!«
Der Richter ignoriert den Zwischenruf und fährt fort: »... außerdem werden Sie beschuldigt, mit dem gleichen Hammer auch Ihre Tochter erschlagen zu haben!«
Wieder der Zwischenrufer: »Du elender Mistkerl!«
Richter: »Das Gericht duldet keine weiteren Zwischenrufe! Ich werde Sie mit einem Bußgeld belegen – was ist Ihr Problem??!«
Der Zuhörer steht auf und deutet auf den Angeklagten: »Ich bin seit 15 Jahren sein Nachbar, und immer, wenn ich mir einen Hammer borgen wollte, hat der Mistkerl behauptet, er hätte keinen!«

Er sitzt schon seit Stunden vor der Glotze.
Seine Frau macht sich Sorgen:
»Na, wenn das morgen keinen Muskelkater gibt! Erst Tennis, dann Formel 1, dann Skiabfahrt und jetzt auch noch gleich das Fußballländerspiel!«

Was sagt ein Fußballfan zu seiner Ehefrau, wenn er den Fernseher einschaltet?
»Möchtest du noch etwas sagen, bevor die Saison anfängt?«

Der Richter zur Angeklagten:
»Sie geben also zu, Ihren Mann während der Fußballübertragung erschossen zu haben?«
»Ja.«
»Und was hat er als Letztes gesagt?«
Darauf die Angeklagte:
»Schieß doch! Schieß doch endlich, du taube Nuss!«

Fragt Stürmer Hannes seinen Torhüter Klaus:
»Mann, ich habe gehört, du hast an einem Freitag, den Dreizehnten, geheiratet. Bist du denn gar nicht abergläubisch?«
»Doch, seither schon!«

»Mensch, Dirk! Mach die Glotze an!
Die übertragen Dortmund gegen Bremen!«
»Na, und? Ist doch nur ein Wiederholungsspiel!«

Ein frustrierter Bundesligakicker geht mit seiner Frau im Grünen spazieren, als sie ganz unvermittelt in ein Gewitter geraten. Plötzlich schlägt einen Meter links neben der Frau ein Blitz ein.
Daraufhin der Fußballer: »Na!«
Ein wenig später kracht ein Blitz genau einen Meter rechts von der Gattin in den Erdboden.
Wieder entfährt dem Spieler ein: »Na!«
Kurz darauf ein weiterer Blitz, die Frau wird getroffen.
Meint der Kicker: »Na also!«

»Trainer, könnte ich nächste Woche vielleicht Urlaub bekommen?«
»Wozu das denn, mitten in der Saison?«
»Ich heirate am Wochenende, und meine Frau würde sich freuen, wenn ich in die Flitterwochen mitfahren würde!«

Die kleine Tochter vom Torhüter des Tabellenletzten in der Badewanne:
»Mami, wo ist der Waschlappen?«
Mutter: »Na, wo wird er sein? Beim Training!«

Nachwuchsspieler Robert fährt mit seiner Angebeteten auf einem dunklen Waldweg. An einer lauschigen Stelle lässt er den Wagen noch ein paar Mal ruckeln, dann bleibt das Auto stehen.
Achselzuckend meint Robert: »Ich glaube, wir haben keinen Sprit mehr im Tank. Komm, Schnucki, lass uns die Zeit etwas verkürzen, bis jemand vorbeikommt!«
Da öffnet sie ihren Stoffrucksack und zieht eine große Flasche heraus.
Freudig entzückt ruft er aus: »Prima Darling, du denkst wirklich an alles. Was hast du denn drin? Wein, Sekt, Champagner ...?«
Lächelt sie: »Weder noch ... Benzin!«

Zwei Fußballprofis plaudern bei einer mitternächtlichen Kneipentour aus dem Nähkästchen. Erzählt der eine ganz stolz: »Ich weiß schon, was ich an meiner Frau habe. Ich sag mal, die ist schon richtig gut erzogen. Wenn bei uns zu Hause das Telefon klingelt, nimmt sie immer ab.«
»Hast du ein Glück«, meint der andere. »Bei meiner hilft wohl nicht mal mehr eine Diät!«

Was versteht man darunter, zwei Fliegen
mit einer Klappe zu schlagen?
Nun, zum Beispiel, einen reichen Fußballer
aus Liebe heiraten.

Der Fußballprofi, Auswechselspieler beim Tabellenletzten, hält beim angehenden Schwiegervater um die Hand der Tochter an. Um ganz sicher zu gehen, beschließt er, seinen Lebenslauf etwas geschönt darzustellen:
»Ich betreibe täglich Sport, verdiene gut, rauche nicht, trinke nicht, rühre keine Spielkarten an, habe glänzende Karriereaussichten und bitte Sie hiermit um die Hand ihrer Tochter!«
Der angehende Schwiegervater:
»Das schlagen Sie sich mal aus dem Kopf, glauben Sie, ich will einen Schwiegersohn, der mir immer als Beispiel vorgehalten wird?«

Ein Mann sagt zum Arzt: »Herr Doktor, ich brauche Schlaftabletten für meine Frau.«
»Schon wieder?«, fragt der ganz besorgt.
»Na ja, heute um sieben ist Länderspiel, und laut Packungsbeilage müsste sie um sechs aufwachen ...«

Was ist wahre Männerromantik?
Ein Fußballspiel bei Kerzenlicht!

»Mensch, Kalle, mach keinen Mist!«, pflaumt der Trainer seinen Torhüter an. »Du willst doch nicht im Ernst deine Exfrau wieder heiraten?«
»Mir bleibt wohl nichts anderes übrig!«, entgegnet der Keeper. »Ich musste ihr bei der Scheidung so viel Geld zahlen, dass ich nun schon aus wirtschaftlichen Gründen eine reiche Frau heiraten muss.«

Die Frau eines Fußballers will sich scheiden lassen. Ihr Anwalt redet ihr nochmals ins Gewissen: »Sind Sie sich über diesen Schritt wirklich im Klaren?«
»Ich bin mir ganz sicher«, meint diese, »mein Mann hat seit Jahren mehr Auswärts- als Heimspiele!«

Benno am Morgen nach dem verlorenen Auswärtsspiel kleinlaut zu seiner Ehefrau:
»Du, Schatzi, habe ich eigentlich gestern Nacht beim Heimkommen viel Lärm gemacht?«
»Du nicht!«, entgegnet seine Gattin unterkühlt, »aber die vier, die dich heimgetragen haben!«